L.-H. LABANDE

BERTRAND DU GUESCLIN

ET LES

États Pontificaux de France

Passage des Routiers en Languedoc (1365-1367)
Guerre de Provence (1368).

AVIGNON
FRANÇOIS SEGUIN, imprimeur-éditeur
13, rue Bouquerie, 13

PARIS
A. PICARD & FILS, libraires-éditeurs
82, rue Bonaparte, 82

1904

L.-H. LABANDE

BERTRAND DU GUESCLIN

ET LES

États Pontificaux de France

**Passage des Routiers en Languedoc (1365-1367)
Guerre de Provence (1368).**

AVIGNON
FRANÇOIS SEGUIN, imprimeur-éditeur
13, rue Bouquerie, 13

PARIS
A. PICARD & FILS, libraires-éditeurs
82, rue Bonaparte, 82

1904

(Extrait des *Mémoires de l'Académie de Vaucluse.*)

Bertrand du Guesclin
et les États pontificaux de France.

PASSAGE DES ROUTIERS EN LANGUEDOC (1365-1367).
GUERRE DE PROVENCE (1368).

I.

Depuis l'expédition d'Arnaud de Cervole en Provence (1357-
1358), surtout depuis la prise et l'occupation du Pont-Saint-Esprit
par la Grande Compagnie (1360-1361), les habitants de la ville
d'Avignon et du comté Venaissin, harcelés constamment par
des troupes de brigands qui couraient et désolaient le pays, ne se
sentaient plus en sûreté. Ils avaient beau élever à la hâte des
remparts, renfermer les vivres de la campagne dans leurs forteresses, ainsi qu'ils en recevaient l'ordre, conclure des ligues avec
les gens du Dauphiné, de la Provence, de la Savoie et du comté
de Valentinois (1), il leur était difficile d'empêcher les routiers,
attirés par la perspective de capturer quelque riche seigneur ou

(1) Cette ligue, que le pape Urbain V songeait à former dès les premiers jours
d'octobre 1363, fut définitivement constituée à la fin du mois suivant. Deux documents la concernant ont été publiés par M. L. Duhamel, sous le titre : *Une Ligue
au XIV* siècle*, dans le *Bulletin historique et archéologique de Vaucluse*, t. II (1880),
p 102; mais d'autres ont été indiqués ou édités par M. Maurice Prou, *Étude sur les
relations politiques du pape Urbain V avec les rois de France* (76* fascicule de la
Bibliothèque de l'École des hautes études), p. 32 et suiv., 104 (n° XX), 106 (n° XXII),
110 (n° XXVII), etc., et par le R. P. Henri Denifle, *La Désolation des églises, monastères et hôpitaux en France pendant la guerre de Cent Ans*, t. II, p. 441 et 442; d'autres
enfin restent inédits dans le registre B 7 des Archives départementales de Vaucluse,
ol. 14 et suiv. Voir encore le *Compte de Raoul de Louppy, gouverneur du Dauphiné*
publié par Ulysse Chevalier, p. 15, n° 57; p. 51 à 55, n°* III à 119. Le comté Venaissin et les provinces voisines avaient agi en somme comme les seigneurs, nobles et
communautés de Languedoc, qui à peu près à la même époque, avaient aussi
conclu une ligue semblable.

de rançonner les prélats se rendant à la cour pontificale, de revenir s'établir dans le pays.

A l'automne de l'année 1365, leurs craintes redoublèrent quand ils apprirent la nouvelle de la prochaine arrivée de Bertrand du Guesclin, conduisant en Espagne toute une armée, dont ils pouvaient à bon droit redouter les excès. Elle se composait, en effet, de ces soldats de fortune qui, après avoir été enrôlés par le roi de Navarre Charles le Mauvais, par du Guesclin lui-même combattant au nom de Charles V, par Charles de Blois et Jean de Montfort se disputant le duché de Bretagne, s'étaient trouvés sans emploi après les traités de Paris (6 mars 1365) et de Guérande (11 avril 1365). A ces Bretons, Anglais, Normands, Gascons ou Navarrais s'étaient encore jointes les compagnies d'aventure, qui après avoir longtemps ravagé le centre de la France, notamment le duché et le comté de Bourgogne, avaient consenti à suivre le futur connétable dans son expédition au-delà des monts.

A vrai dire, cette expédition n'était qu'un prétexte : le but que l'on poursuivait était l'éloignement, souhaité définitif, de ces compagnies, véritable fléau pour les contrées sur lesquelles elles s'abattaient. Il faut lire dans les bulles pontificales et dans les documents contemporains la série des crimes dont elles se rendaient journellement coupables, les pillages, vols, incendies, meurtres, viols, sacrilèges qu'elles commettaient sans vergogne, les captures de forteresses qu'elles tentaient à chaque occasion pour s'y cantonner et de là faire trembler toute une région qu'elles obligeaient à se racheter, il faut lire tout cela, dis-je, pour avoir une idée de l'état de désolation dans lequel notre pauvre pays était tombé grâce à elles. Plusieurs fois déjà on avait voulu s'en débarrasser. Après la prise du Pont-Saint-Esprit, le pape Innocent VI avait été assez heureux pour en expédier une partie en Italie avec le comte de Montferrat, en guerre avec les Visconti milanais (1). L'année suivante, toute une armée, où se trouvait la fleur de la chevalerie française, commandée par le comte de Tancarville, Jacques de Bourbon, comte de la Marche, et surtout l'archiprêtre Arnaud de Cervole, s'était mise à leur poursuite; surprise elle-même, elle s'était fait battre à Brignais

---

(1) Je me permets de renvoyer à l'article intitulé *L'Occupation du Pont Saint-Esprit par les Grandes Compagnies* (1360-1361), que j'ai publié dans la *Revue historique de Provence*, 1901, p. 79 et 146.

(6 avril 1362) (1). Trois mois plus tard (22 juillet 1362), quelques-unes de ces mêmes compagnies avaient consenti, par un traité conclu à Clermont, à suivre en Espagne Don Enrique de Trasta-mare, révolté contre son frère Don Pèdre, roi de Castille (2); elles s'étaient arrêtées devant les Pyrénées.

Après tous ces insuccès, le pape Urbain V était intervenu : comme le 31 mars 1363, il avait lui-même prêché une croisade contre les Turcs et donné la croix aux rois de France, de Chypre et de Danemark présents à Avignon (3), par sa bulle du 25 mai suivant, il avait demandé aux capitaines et gens de compagnies de partir pour la Terre Sainte (4); sur leur refus, il avait publié contre eux les bulles les plus comminatoires et exhorté les fidèles à se liguer pour les repousser; non seulement il les avait excommuniés, défendant à toute personne d'entretenir des rela-tions avec ces maudits, mais encore il avait accordé des indul-gences à ceux qui les combattraient (27 février et 27 mai 1364, 5 avril 1365) (5). Cependant, il avait eu l'espérance de voir ses projets mis à exécution cette même année 1365 et il avait obtenu de l'empereur Charles IV, venu le 23 mai à Avignon, qu'il laisse-rait les *societates* traverser l'Allemagne jusqu'à leur entrée dans la Hongrie, où elles étaient réclamées pour repousser les Turcs. L'Archiprêtre s'était mis à la tête de tous ceux qu'il avait pu entraîner, mais la mauvaise organisation de son expédition, les excès que ses troupes commirent et la terreur qu'elles inspirèrent partout sur leur passage les empêchèrent d'aller plus loin que Strasbourg (mai-juillet 1365) (6).

(1) Je ne puis citer ici toutes les sources ; je me borne à renvoyer aux ouvrages suivants : Chérest, *L'Archiprêtre*, p. 166 et suiv.; G. Guigue, *Les Tard-Venus en Lyon-nais, Forez et Beaujolais*, p. 69 et suiv. ; H. Denifle, *La Désolation des églises...*, t. II, p. 407.

(2) E. Molinier, *Étude sur la vie d'Arnoul d'Audrehem* (t. VI, 2ᵉ série des *Mémoires présentés par divers savants à l'Académie des inscriptions et belles-lettres*, 1ʳᵉ partie), p. 107 à 109.

(3) M. Prou, *Étude...*, p. 24 et 25.

(4) H. Denifle, t. II, p. 444.

(5) *Idem*, t. II, p. 445 à 450. — *L'Inventaire des Archives de Montpellier*, publié par M. J. Berthelé, signale encore au t. I, p. 171, nᵒˢ 2261 et 2262, des bulles d'excommuni-cation des 28 février 1362 (v. st.) et 1ᵉʳ juin 1364 (2ᵉ année du pontificat d'Urbain V) contre les routiers ravageant le Languedoc et ceux qui entretenaient des relations avec eux. — Raoul de Louppy, le gouverneur du Dauphiné, porta dans ses comptes les dépenses qu'il avait faites du 31 mars au 10 avril 1365, pour aller à Avignon parler de la part du roi au pape, touchant « le fait des ennemis, gens de compaigne, qui lors estoient ou royaume, affin de yceulx faire vuidier et chasser d'icellui par sentences d'escommeniement, plainnes indulgences ou autrement.» (*Loc. cit.*, p. 34, nᵒ 76.)

(6) Sur cette expédition cf. Chérest, p. 304 et suiv.; H. Denifle, t. II, p. 478 et suiv.

Finalement, c'était à Bertrand du Guesclin, comte de Longueville, seigneur de la Roche-Tesson et son chambellan, que Charles V s'était adressé pour mettre fin à une situation intolérable. Par acte passé le 20 août 1365, l'illustre capitaine s'était engagé envers le roi, qui lui avançait 40,000 florins pour les préparatifs de sa nouvelle campagne et le paiement de sa rançon (il avait été fait prisonnier à Auray et sa rançon avait été fixée à 100,000 florins), à emmener le plus tôt possible hors de France les routiers qui en désolaient les provinces (1). Le but de l'expédition était l'Espagne et à cela on voyait de nombreux avantages, outre l'éloignement des bandes de brigands et de pillards : on ferait, pour le compte d'Enrique de Trastamare, la guerre à Don Pèdre de Castille, allié du prince de Galles et du roi d'Angleterre ; en le détrônant, on mettrait à sa place un ami fidèle, on se vengerait du félon, qui après avoir odieusement délaissé sa femme Blanche de Bourbon, belle-sœur de Charles V, passait pour l'avoir fait assassiner dans le château de Jerez. Le pape lui-même verrait là une occasion de châtier un roi excommunié pour sa cruauté, sa dureté envers son clergé et ses relations avec les Juifs ou les Maures ; il reprendrait aussi en cette circonstance ses anciens projets de croisade et au lieu de pousser les Compagnies contre les Turcs en Palestine, il les emploierait à rejeter les Maures hors de l'Espagne. D'ailleurs, Urbain V n'avait pas attendu l'enrôlement de du Guesclin pour donner au roi autre chose que son appui moral dans son œuvre de pacification du royaume. Il lui avait accordé le produit d'une décime biennale à lever en France sur tous les revenus du clergé régulier et séculier, excepté sur ceux des cardinaux et des Hospitaliers de Saint-Jean de Jérusalem, afin de permettre aux capitaines ayant traité avec les routiers (c'est évidemment une allusion à du Guesclin ou aux premiers émissaires du roi), de les emmener hors de France combattre soit les Turcs, soit d'autres infidèles ; dès le 19 juillet

(1) Charrière, *Chronique de Bertrand du Guesclin par Cuvelier*, dans les *Documents inédits sur l'histoire de France*, t. II, p. 393; cf. Luce, *Froissart*, t. VI, p. LXXX, note 3; Maurice Prou, *Étude...*, p. 58; H. Denifle, t. II, p. 485. — Le texte de la promesse de du Guesclin est intéressant à relever : « Nous avons promis et promettons audit roy... mettre et emmener hors de son royaume lesdites compaignes a nostre povoir, le plus hastivement que nous pourrons, sans fraude ou mal engin, et aussi sanz les tenir ne souffrir demourer ne faire arrest en aucunes parties dudit royaume, se n'est en faisant leur chemin, et *sanz ce que nous ou lesdittes compaignes demandions ou puissions demander audit roy... ne a ses subgiez ou bonnes villes, finance ou autre aide quelconques....* »

1365, il donnait ses instructions en conséquence aux archevêques et évêques intéressés (1).

L'entrevue, que selon le chroniqueur-romancier Cuvelier, aurait eue à Châlon-sur-Saône Bertrand du Guesclin avec les capitaines d'aventure, Anglais, Bretons, Gascons et Navarrais, et le discours qu'il aurait alors prononcé pour entraîner ses futurs compagnons, sont caractéristiques de l'état d'esprit dans lequel ceux-ci acceptaient de partir. Il leur aurait bien promis d'obtenir du pape pour eux l'absolution de leurs crimes, mais il aurait surtout fait miroiter à leurs yeux des avantages plus matériels, la perspective d'une grosse solde et d'une liberté de pillage dans un pays des plus fertiles :

> A Dieu le veu, aurait-il dit, qui croire me voldra,
> Tous riches vous ferai, guères ne demoura...
> En Espagne porrons largement profiter,
> Car li païs est bon pour vitaille mener,
> Et si a de bons vins qui sont frians et clers...
> Et se vous me volez ce fait ci accorder,
> Je vous ferai du roi baillier et delivrer
> Deux c. mile florins et devant vous compter...
> Faisons a Dieu honneur et le deable laissons...
> Je nous ferai tous riches, se mon conseil creons,
> Et arons paradis aussi quant nous morrons. »

Tels étaient ceux dont les Avignonais et les Comtadins apprenaient avec effroi l'arrivée dans les premiers jours de novembre 1365, et telles étaient leurs dispositions : faire un énorme butin et piller avec impunité le plus largement possible. Il est vrai que des troupes plus régulières, conduites par de notables seigneurs et capitaines français ou anglais, tels que le comte de la Marche, Jean Ier de Bourbon ; Antoine, sire de Beaujeu ; le maréchal Arnoul d'Audrehem, Hugh de Calverly, Mathieu de Gournay,

---

(1) M. Prou, *Étude...*, p. 133. — Cet auteur (p. 53) rapporte la bulle à l'expédition d'Arnaud de Cervole ; le R. P. H. Denifle (t. II, p. 479) également, bien qu'il ait remarqué (note 4) que le pape a répété la même chose dans une lettre adressée, le 24 novembre suivant, à l'archevêque de Lyon et ses suffragants. Mais Arnaud de Cervole n'avait pas eu besoin de cela pour se mettre en campagne, puisqu'il était parti avec ses routiers dans le courant du mois de mai. Le 19 juillet, le pape savait encore que cette armée était arrivée devant Strasbourg le 5, peut-être même avait-il appris que le passage du Rhin lui était refusé et qu'elle abandonnait son projet de croisade. D'ailleurs, ce qui prouve bien que cette dîme était destinée à Du Guesclin, c'est simplement le fait qu'elle lui fut payée.

(1) *Chronique de Bertrand du Guesclin*, par Cuvelier, vers 7225-7226, 7271-7273, 7283-7285, 7304, 7320-7321.

Eustache d'Auberchicourt, accompagnaient aussi du Guesclin. Mais de quel exemple devaient être pour elles l'avidité et la cruauté qui distinguaient les routiers de Robert Briquet, de Jean Creswey, de Naudon de Bageran, du Petit Meschin, de Perrin de Savoie, de Bertucat d'Albret, de Bernard de la Salle (1) et de tant d'autres !

Le rendez-vous de tous ceux qui devaient prendre part à l'expédition avait été donné à Perpignan pour la fin de l'année 1365. Dès le mois de septembre, des détachements d'avant-garde entreprenaient leur marche dans la direction du midi (2), mais du Guesclin lui-même, dont le passage était signalé par le bailli d'Auxois dans les derniers jours du même mois (3) ; ne se mit guère en mouvement avec ses troupes que dans le courant d'octobre (4). Pendant qu'Arnaud de Cervole continuait à négocier avec les chefs de routiers restés en Bourgogne pour les envoyer derrière lui, il dirigea son armée sur la rive droite du Rhône et vint établir son quartier général à Villeneuve, en face d'Avignon. Son arrivée, ou du moins l'approche des *societates* qui l'accompagnaient, était déjà signalée le 5 novembre par le recteur du Comtat aux gens du pays (5). A Carpentras, notamment, les syndics de la ville recevaient l'ordre de mettre en état leurs remparts et de restaurer les bretèches au-dessus de leurs murailles ou d'en construire de nouvelles ; comme ils n'avaient pas d'argent, ils empruntaient 200 florins (6). Les archives de la capitale du Comtat, assez complètes pour cette période, donnent une idée suffisante de l'agitation dans laquelle la crainte des compagnies mit la population. On peut donc considérer ce qui se passa là comme un exemple de ce qui se fit dans tout le Venaissin à cette époque.

Quelques jours avant l'annonce de cette grave nouvelle, le

(1) Pour tous ces noms, cf. Froissart, *Chroniques* (éd. Luce), t. VI, p. 188 et suiv. ; Ayala, *Cronicas de los reyes de Castillas*, t. I, p 399 et suiv.; Cuvelier, vers 7418 et suiv. ; *Le Prince noir, poème du héraut d'armes Chandos,* publié par Francisque Michel, vers 1668 et suiv.

(2) *Histoire générale de Languedoc*, t. IX, p. 777, note de M. A. Molinier.

(3) Chérest, p. 334.

(4) Il était encore à Auxerre le 10 octobre : E. Molinier, *op. cit.*, p. 170 ; H. Denifle, t II, p. 485.

(5) Aux environs de Montpellier, les compagnies de Bretons étaient signalées les 1er, 5 et 13 novembre. Le 5, c'était Robert Briquet, le capitaine de routiers bien connu, qui prenait le fort de « Bel Esgar », où il resta jusqu'au 8 décembre. (*Petit Thalamus,* édition de la Société archéologique de Montpellier, p. 369.)

(6) Arch. municipales de Carpentras, BB 6, fol. 42, 43, 125 ; BB 7, fol. 3 v°.

27 octobre, les syndics avaient passé en revue tout le matériel
d'artillerie qui leur appartenait en propre, logé dans différentes
maisons ou dans des tournelles : ils avaient constaté la présence
dans leur arsenal de trois grandes arbalètes et de 46 autres plus
petites, de 25 canons de garrots, près de 250 « stralhons » ou traits
de garrots, ferrés ou non, empennés ou non, de 333 plommées ou
masses plombées, de 3,630 viretons ferrés, de 280 non ferrés,
d'un demi-quintal de plomb, de plusieurs pannes de fer, de
crocs, etc. (1). Dès le 13 novembre, ils se préoccupèrent d'aug-
menter cette artillerie, sur l'ordre du trésorier du Comtat

----

(1) Arch. communales de Carpentras, BB 6, fol. 38 v°.

Voici cet inventaire des biens de la ville de Carpentras, que je crois devoir
donner ici ; la lecture en est assez difficile dans l'original : il y aura donc dans ma
transcription des mots douteux. De plus, le scribe a dû employer des expressions
tout à fait locales pour désigner certains appareils et je ne suis pas arrivé à en
connaître la signification exacte. D'autres seront plus heureux que moi.

[Fol. 38 v°.] « Primo, III magnas balistas de buxo de gazauca. Item, XLVI alias
balistas. Item, X baudrerios. Item, XIIII canonos garrotorum, minuta (*sic*) seponi (?).
Item, VIII° claves garrotorum. Item, CXVIII stralhonos garrotorum cum ferro.
Item, II stralhonos sine ferro. Item, V stralhonos sine ferro fractos. Item, XXXV plumb-
batas cum hasta. Item, LXXIIII plumbatas sine hasta. Item, VIII° fundas (?) mas-
sieyas. Item, MIX verratonos ferratos. Item, CXXV verratonos sine ferro. Item, unam
crozilham. Item, unam cledam fusteam ad ingenia. Que omnia erant in hospicio mei
Bertrandi Pauli, notarii.

« Dicta die, in tornella regis : Item, unum cannonum garroti cum futa (*sic*). Item,
alium cannonum garroti sine fusta. Item, duas cavilhas fereas magnas. [Fol. 39.]
Item, unum anulum ferreum cum alio anulo concathenato. Item, CCXXV plumbatas
minutas garrotorum. Item, unum goffenum ferreum (?), ruptum ad opus.

« In tornella ante hospicium Melheni Veyrerii : Item, XXXVII stralhonos empenatos
et inseratos garroto. Item, XX stralhonos garrotorum non pennatos. Item, XVI
stralhonos enferratos et pennatos de papiro. Item, I stralhonum sine ferro et pennis.
Item, XXXII stralhonos minutos ferro sine pennis. Item, XIII stralhonos fusteos sine
ferris et pennis. Item, II cavilhas ferreas. Item, VI medios anulos de ferro. Item, VIII
bendas ferreas pontis levatici. Item, unam platam ferri. Item, XXI pannas crocs.
Item, III goffonos. Item, duos versatorios pontis levaticii ferreos, minutos cavilhis.
Item, VII anulos ferreos. Item, unum serrum garroti fractum, minutum fusta.
Item, IX canonnos garrotorum minutum (*sic*) fusta. Item, VIII° pannas ferreas ad
opus cancelli (*bis*). Item, II magnas ferreas pannas. Item, VIII° claves garrotorum.
Item, I messetam plumbi. Item, II pecias fractas ferri parvas. Item, unam fundam (?)
massieyam.

« In tornella muri ante hospicium Rixendis Brunelle : Item, VII°XXI veratonos cum
ferro. Item, VI××IIII veratonos sine ferro. Item, duas parvas caxas fusteas. Item,
XXV plumbatas. Item, VI tornos balistarum. Item, II tenditoria. Item, VIII pannas
ferreas magnas. Item, una (*sic*) ayssadam fractam. Item, III pecias fractas ferri
veteris.

[Fol. 39 v°.] « In tornella ante hospicium G. Symeonis : Item, XIX° veratonos
minutos ferris. Item, XIII tabulas. Item, II cabasses.

« Item, in hospicio universitatis : Item, veratonum sine ferro. Item, V veratonos
sine ferro. Item, I tascellum (?) de ferro. Item, medium quintale plumbi vel circa.
Item, unam caxam fractam. »

et du juge-mage de Carpentras (1) ; ils remboursèrent Perrot Maynard, qui pour des réparations faites jadis, avait conservé en gage trois canons de garrots ; ils achetèrent quatre nouvelles arbalètes, dont trois en corne, à un italien Nicolas de *Palhesio*, ils en firent réparer d'autres, se munirent d'accessoires, chevilles, clefs, pour leurs garrots, etc. (2).

D'autre part, sur mandement de Pons Bermond, capitaine de Carpentras, dont la ville avait eu à préparer le logement et celui de ses gens (3), on paya, le 12 novembre, 3 livres 10 sous aux hommes, qui pendant deux jours avaient ramassé des pierres pour les porter sur le sommet des remparts, où elles devaient servir de projectiles (4). Jour par jour, on suit encore le travail des carriers, qui avec leurs chariots amenaient des pierres auprès des fossés, et des manœuvres qui les montaient sur les bretèches et sur les coursières des murailles.

Les remparts eux-mêmes étaient loin d'être achevés et de se trouver en état de résister à une attaque habilement conduite. On dut alors se livrer à un travail fébrile : établissement de planchers dans les tours défensives des portes et réparation des anciens, construction de bretèches en bois soit au-dessus des murs, soit plus simplement au-dessus des fossés, fermeture des passages jusque-là conservés dans l'enceinte, curage et agrandissement des fossés, ferrage des portes, réfection des portails de Mazan et d'Orange, réfection ou consolidation des ponts-levis, élévation rapide de murs provisoires en pierre et en terre là où les nouveaux remparts n'étaient pas encore bâtis, tout se faisait à la fois, pendant que les entrepreneurs de nouvelles courtines ou de nouvelles tours recevaient l'ordre de se hâter (5). Même, pour activer la construction du portail de Monteux, les syndics se chargeaient de l'achat des matériaux (6).

Ce ne fut pas tout : comme on se l'imagine, le capitaine Pons Bermond et le juge-mage Rostang Artaud établirent des gardes

<hr>

(1) Cet ordre fut donné le 9 novembre : Arch. de Carpentras, BB 6, fol. 42 v°.

(2) *Idem*, BB 7, fol. 39 v° : « Expense... in aptando et refficiendo ac emendo arthelhariam... » Les sommes dépensées à cet effet se retrouvent encore à leur date dans le compte journalier qui forme une partie du registre BB 6.

(3) *Idem*, BB 7, fol. 53 v° : « Expense... facte pro lectis majoris capitanei et sue gentis. »

(4) *Idem*, BB 7, fol. 34 : « Expense... facte in aggregando et faciando portare lapides pro deffensione et tuicione fossatorum, portalium et verdescarum. »

(5) *Idem*, BB 6, fol. 57 et suiv.

(6) *Idem*, BB 6, fol. 43 v°.

sur les remparts et des sentinelles aux portes et en divers endroits de la ville, sans préjudice des deux guetteurs, loués à l'année, qui se tenaient constamment sur le sommet du clocher de Saint-Siffrein ; deux notaires furent chargés de les surveiller, d'en passer la revue matin et soir et de faire leur rapport au recteur (1). On envoya aussi des explorateurs ou espions pour savoir ce que devenaient les hommes d'armes de du Guesclin, s'ils franchissaient le Rhône et s'ils se montraient dans les environs : le 16 novembre, Raymond de Gigondas était ainsi expédié en éclaireur ; le 28, c'était Pierre Astier, qui devait aller jusqu'à Mornas, etc. (2).

Une chose que l'on ignore c'est quelles furent l'importance et la composition de la garnison, qui sous les ordres de Pons Bermond, se préparait à repousser l'ennemi. On sait cependant que la solde de ces gens d'armes était payée par le trésorier du pape ou du comté Venaissin (3) : nous n'avons malheureusement pas les comptes relatifs à cette année.

En la cité d'Avignon, le pape ne se contenta pas de la garde habituelle qu'il entretenait autour de son palais et aux portes de la ville (4). Il fît venir des renforts de Marseille : cent arbalétriers conduits par le damoiseau Pierre de Langres. Il ne lui en coûta que 80 florins (5).

Par bonheur, on n'eut pas à employer la force contre les Compagnies ; il est probable d'ailleurs que le recours à ce moyen extrême n'aurait pas été à l'avantage de leurs adversaires. Mais elles ne se montrèrent même pas dans le comté Venaissin, ou si

---

(1) Arch. de Carpentras, BB 6, fol. 43, ordonnance du 16 novembre.

(2) *Idem*, BB 6, fol. 69 et 79 ; BB 7, fol. 54 : « Expense... solute exploratoribus qui ibant explorare de mandato dominorum. »

(3) En 1358-1359, la solde des soldats employés par le pape pour la défense du Comtat fut payée par le trésorier pontifical (Arch. du Vatican, *Collectorie*, n° 262, fol. 173) ; en 1375, les garnisons établies dans les châteaux et forteresses du comté Venaissin furent payées au moyen d'une taille de 8,000 florins consentie par les États du pays. (Arch. dép. de Vaucluse, C 130, fol. 19.) On verra plus loin ce qui se passa en 1368.

(4) Nous n'avons pas les comptes de la garde d'Avignon pour cette année, mais j'ai relevé aux archives du Vatican (*Collectorie*, n° 265) ceux qui sont relatifs à la solde de la garnison établie en novembre et décembre 1373, époque peut-être un peu moins troublée que celle qui nous intéresse actuellement : 55 personnes étaient commises à la garde des différentes portes ou au guet du haut du clocher de Notre-Dame des Doms, sans compter les visiteurs des portes, les préposés à la garde des clefs, le garde de l'artillerie, etc.

(5) Arch. du Vatican, *Introitus et exitus*, reg. 315, cité par M. Prou, *Étude...*, p. 58, note 4.

quelques détachements isolés y firent des incursions, ce fut, paraît-il, sans conséquence grave. Elles se contentèrent, comme on le verra plus loin, de menacer le pays d'un pillage en règle, besogne pour laquelle elles étaient trop bien préparées ; mais les arrangements conclus par Bertrand du Guesclin avec le pape et les représentants d'Avignon ou du Comtat, épargnèrent ce malheur au pays.

Les négociations qui aboutirent à ces accords ont été racontées, d'une façon plus amusante que véridique, par Cuvelier, l'auteur de la *Chronique rimée de Bertrand du Guesclin*. Selon lui, lorsque le pape Urbain V apprit l'arrivée des routiers, il délégua auprès d'eux un cardinal chargé de leur commander de s'éloigner :

> « Escommenierai toute la compaignie,
> Si ne s'en vont de ci sans faire nul detrie (1). »

Bien à contre-cœur, le cardinal se dirige vers le camp ; mais la première parole qu'il entend d'un anglais interrogé, lui explique les intentions de l'ennemi :

> « Bien soiez-vous venus, aportez-vous argent ?
> Avoir nous en convient ains no departement (2). »

A peine est-il introduit devant le conseil de guerre, que le maréchal d'Audrehem lui explique qu'ils allaient en croisade contre le roi de Grenade et qu'ils demandaient au pape l'absolution de leurs péchés, plus 200,000 besants ou florins d'or pour les frais du voyage (3). Mais du Guesclin plus franc déclare que de l'absolution ils ne sont guère soucieux :

> « Ils ameroient mieulx a avoir de l'argent...
> Dites a l'apostole ce fait entierement,
> Car nous ne les porroiens emmener autrement.
> Encor, quant il aront de l'avoir largement,
> Se tenront il envis de mal faire souvent (4). »

Le cardinal retourne dolent auprès du pape. Ces compagnons si nombreux vont combattre les infidèles en Espagne, dit-il, pour sauver leurs âmes, et voici que je vous apporte leur confession :

---

(1) Vers 7489 et 7490.
(2) Vers 7510 et 7511.
(3) Vers 7540 à 7571.
(4) Vers 7577 à 7584.

« Il ont ars maint moustier, mainte belle maison,
Occiz fames, enfans a grant destruction,
Pucelles violées et dames de grand non,
Robés vaches, chevaux et pillié maint chappon,
Et beu vin sans paier et robé maint mouton,
Et emblé maint joiel a tort et sans raison,
Calices de moustiers, argent, cuivre, laiton,
Ditte mainte parole plaine de maliçon ;
Tous les maulz c'on puet faire plains de malefaçon,
Plus c'on ne porroit dire en livre n'en chançon (1). »

Donnez-leur donc non seulement l'absolution, mais encore 200,000 francs. Et le pape se lamente :

« On nous donne, dit-il, de l'argent et maint don
Pour assouldre les gens en cité d'Avignon.
Et il nous fault assouldre a lor division
Et si nous fault donner ! C'est bien contre raison (2). »

Avec le collège des cardinaux il se résout cependant à imposer les bourgeois d'Avignon et obtient de du Guesclin que les 200,000 francs soient réduits de moitié. Celui-ci vient se loger à Villeneuve, où de son palais le pape peut voir les routiers :

« Amener en lor ost vaches, moutons, brebis,
Oies, poucins, chappons et le pain blanc et bis,
Les viandes, les vins qu'ils ont trouvez et quis (3). »

Il s'empresse alors de lever sur les Avignonais la rançon promise, mais du Guesclin le sait, il s'en irrite, il crie contre l'avarice et l'orgueil des gens d'église et il termine ses imprécations par ces paroles, que la postérité a retenues et dont elle lui a fait un titre de gloire, sans même se demander si elles ont été vraiment prononcées :

« Mais ja n'en prendrai I. denier monnoié
De ce que povre gent y aront ordené,
Se le pape du sien ne le m'a delivré (4). »

Il renvoie donc noblement le prévôt d'Avignon qui lui apportait l'argent de la taille :

(1) Vers 7618 à 7627.
(2) Vers 7637 à 7640.
(3) Vers 7656 à 7658.
(4) Vers 7686 à 7688.

> « Prevost, je vous afie,
> Ja n'en arons denier de nostre vie,
> Se ce n'est dè l'avoir venant de la clergie ;
> Et volons que tuit cil que la taille ont paiée
> Aient tout lor argent sans perdre (1) une maillie (2). »

Et le pape est obligé de s'exécuter ; après quoi, du Guesclin lève le camp et s'en va retrouver le duc d'Anjou à Toulouse, avant de prendre la route d'Espagne.

Ce récit est très pittoresque et fort honorable pour le chef de l'expédition, mais l'histoire ne se contente pas de pittoresque et depoésie, elle veut connaitre la réalité. Or, celle-ci fut très différente de la légende.

Voyons d'abord ce qui se passa pour le comté Venaissin. Dès le 13 décembre, les habitants de la ville de Carpentras, déjà fort appauvris par les dépenses faites pour leurs remparts, avaient à se préoccuper de payer leur part de la taille montant à 5,000 florins, que le Comtat devait verser entre les mains de Bertrand du Guesclin (3). Celui-ci ignorait-il que cette contribution pesait sur la population ? Lisons la bulle que le pape Urbain V adressa le 23 novembre au cardinal Raymond de Canillac, évêque de Préneste : « D'innombrables gens d'armes, écrivait-il, appelés Compagnons, sortant du royaume de France et partant en guerre, disent-ils, contre les Infidèles, ont envahi la sénéchaussée de Beaucaire et menacé d'entrer en ennemis dans le Venaissin, ce qui leur était facile, si les habitants de ce comté ne leur versaient pas un subside. Pour éviter de très graves périls et de très gros dommages, nous t'avons donné mission d'emprunter, au nom desdits habitants, la somme de 5,000 florins d'or et de la remettre à ces routiers, *ainsi que l'ont déjà fait les habitants des pays voisins* (4). » Ainsi donc, c'était une habitude pour les compagnons de du Guesclin de forcer les gens d'un pays à se racheter du pillage : je dirai plus loin ce à quoi la Provence et certaines villes du Languedoc durent se résoudre. Il faut encore observer qu'à cette date du 23 novembre, des arrangements étaient pris pour la remise de la subvention du Comtat : ce fut grâce au pape que,

---

(1) Le texte donne « sans prendre ». Je propose la correction « sans perdre » qui donne plus de sens.

(2) Vers 7704 à 7708.

(3) Arch. de Carpentras, BB 6, fol. 44.

(4) Cette bulle qui a été transcrite dans le registre B 7 (fol. 36 v') des archives départementales de Vaucluse, a été publiée par extraits par le R. P. H. Denifle, t. II, p. 487, note 1.

moyennant un emprunt, les gens du Venaissin eurent du temps pour s'acquitter de leur dette. La bulle du 23 novembre 1365 n'avait d'ailleurs pas d'autre but que d'obliger le clergé à contri-buer au paiement des 5,000 florins. Les habitants de Carpentras semblent avoir abusé de la permission de retarder le versement auquel ils furent astreints : le 18 mai 1366, ils en donnaient seu-lement le premier à-compte, s'élevant à la somme de 100 florins (1). Même, à cause, sans doute, de leur négligence, ils encoururent l'excommunication : ils en obtinrent l'absolution du recteur du Comtat, le 25 août 1366 (2).

La ville d'Avignon constituait, à elle seule, on le sait, un État particulier, dont les intérêts financiers étaient tout à fait distincts de ceux du Venaissin. Elle n'eut donc pas à contribuer au paiement de cette taille; mais cela ne veut pas dire qu'elle fut épargnée. On ignore cependant quelles charges elle dut sup-porter en cette occasion : aucun document ne paraît avoir subsisté qui permettrait de le savoir. Mérimée (3), il est vrai, a prétendu, d'après un document à lui communiqué par M. Paul Achard, que les Avignonais furent obligés de payer 1,500 flo-rins; mais il a mal interprété son document, qui se rapporte à des faits de date postérieure (4).

La Provence elle-même fut mise à contribution. Sous peine de la voir ravagée par les brigands logés dans la sénéchaussée de Beaucaire, le sénéchal, les officiers de la reine Jeanne et les nobles des communautés durent, sur le conseil du pape, leur promettre 30,000 florins d'or, au paiement desquels Urbain V, par une bulle adressée à Philippe de Cabassole, patriarche de Jérusalem, obligea le clergé pour sa quote-part (20 novembre 1365) (5). Mais les Provençaux, ne s'attendant pas à de telles

---

(1) Arch. de Carpentras, BB 6, fol. 102 v° ; BB 7, fol. 46 v° : « Soluciones per me facte pro subsidio. »

(2) *Idem*, BB 7, fol. 46 v° : « Solvi pro littera absolucionis emanata a domino rectore, ut absolveremus ab excommunicationis sentencia qua ligati eramus propter subsi-dium, v. solidos. »

(3) *Histoire de don Pèdre I*, *roi de Castille* (1848, in-8°), p. 435, note 1. Le document forme à la page 582 l'appendice I.

(4) Il concerne, en effet, les sommes versées par Philippe de Cabassole à du Guesclin au mois de mars 1368.

(5) Archives départ. de Vaucluse, B 7, fol. 33 ; H. Denifle, t. II, p. 486, note 2. — Le clergé des comtés de Provence et de Forcalquier fit des difficultés pour s'exécuter : il fallut encore la bulle du 21 mars 1366, expliquant que tous les domaines des églises et monastères (château de Salon à l'archevêque d'Arles, de Lure à l'évêque de Sisteron, ville de Gap à l'évêque du lieu, etc.), devaient être soumis à l'impôt destiné

exigences, étaient loin d'avoir tout l'argent qui leur était réclamé : ils demandèrent au pape de les aider. Celui-ci s'empressa d'accéder à leur requête et leur avança, le 17 novembre, 12,000 florins d'or, qu'ils promirent de restituer dans les trois mois. Ce furent des changeurs qui les fournirent : la banque Luc degli Abbati et Cie donna 6,000 francs, Michel Baroncelli (1) 1,600 francs, son frère Jean 400, le florentin Jacques Buonacursi 400, etc. Les 12,000 fr. furent longs à rentrer dans le trésor pontifical : le premier à-compte fut donné seulement le 22 juin 1366 par Jean Baroncelli, sergent d'armes du pape, et le 8 avril 1368, un reliquat figurait encore dans les finances restituées par les Provençaux à Urbain V (2).

Quant au pape lui-même, on n'a relevé dans les registres de ses dépenses aucune somme qu'il ait versée pour son propre compte aux troupes de du Guesclin. Voilà qui contredit singulièrement le récit de Cuvelier. On vient de voir qu'il s'était borné à intervenir auprès des routiers pour le rachat des pays menacés et qu'il avait seulement facilité les opérations financières avec les riches banquiers italiens qui suivaient sa cour. Mais, d'autre part, il est certain qu'il fit arriver entre les mains de du Guesclin d'autres finances. Les *Grandes Chroniques de France* (3), assez bien informées, disent qu'il lui donna de l'argent (4) et qu'il lui accorda le produit de deux décimes à lever sur le clergé de France. Werner de Liège, l'auteur d'une de ses vies (5), prétend de son côté que Urbain V lui promit une grosse somme et imposa pour cela des décimes sur le clergé de France. Il faut cependant observer qu'il ne fit pas cette promesse sous la pression des menaces qu'auraient pu lui faire les routiers. Le 19 juillet 1365, je

à payer les 30,000 florins. (Arch. départ. de Vaucluse, B 7, fol. 34). — Voir encore le « processus » d'exécution de cette bulle « super contributione », du 26 juin 1366 : *Ibidem*, fol. 35.

(1) Ce Michel Baroncelli, banquier florentin, habitant Avignon, eut plus tard (3 mars 1369), la recommandation expresse du pape Urbain V pour obtenir de Philippe de Cabassole, recteur d'Avignon et du Comtat, l'office de monnayeur d'Avignon, vacant par la mort d'Hugues Michel, également banquier. (Arch. départ. de Vaucluse, B 7, fol. 56.) Il est donc probable qu'il y fut nommé.

(2) Pour tous ces détails, cf. les documents extraits des registres du Vatican et publiés par M. Prou, p. 140 à 144.

(3) Ed. Paulin Pâris, t. VI, p. 238.

(4) Peut-être est-ce une allusion aux sommes avancées aux Provençaux pour leur rachat ou aux 5,000 florins qu'il fit payer aux Comtadins.

(5) *Secunda vita Urbani V*, publiée par Albanès et Chevalier, *Actes anciens et documents concernant le bienheureux Urbain V*, t. I, p. 39.

l'ai déjà dit, il donnait des ordres aux archevêques et évêques de France pour faire percevoir pendant deux ans sur le clergé séculier et régulier de leurs diocèses, la décime que Charles V lui avait demandée pour aider au départ des Compagnies (1). Il en avait même fixé les termes du paiement : le premier devait avoir lieu au 1er novembre 1365, le second à Pâques de l'année 1366, le troisième à la Toussaint suivante et le dernier encore à Pâques 1362 (2).

Mais le temps pressait. Sur les instances du roi de France et des habitants des trois sénéchaussées de Languedoc, Urbain V avait, dans le but de contenter plus tôt l'avidité des compagnons de du Guesclin, permis que certaines personnes leur fissent l'avance du produit de cette double décime. Lui-même fut peut-être une de celles-ci : c'est ainsi du moins que je m'explique les 4,000 francs d'or, que le 22 novembre il fit remettre à Pierre Mausalan, sacriste de l'église de Carpentras et associé au cardinal Raymond de Canillac, délégué à la collecte générale de la décime et commissaire aux négociations avec du Guesclin. Pour être en mesure de les donner, il avait dû les emprunter à des changeurs ou banquiers qui suivaient la cour romaine : Paul Mathei (3), de Florence, lui en avait procuré la moitié, les frères Jean et Michel Baroncelli, le reste. Ces 4,000 francs furent d'ailleurs restitués plus tard (4).

Quoi qu'il en soit, à la date du 23 novembre 1365, la moitié des sommes promises sur la décime avait déjà été payée aux routiers, bien que plusieurs archevêques et évêques n'aient pas été informés assez à temps pour faire à la Toussaint le premier versement prescrit. Des dispositions avaient été encore prises pour que la seconde moitié fût bientôt remise aux troupes partant pour l'Espagne ; aussi le pape se crut-il obligé, tout en reportant les termes des versements au 1er mars et au 1er août des années 1366 et 1367, de demander aux prélats d'expédier, avec le moins de frais possible, au cardinal de Préneste dans le mois qui suivrait chacun de ces termes, tout l'argent qu'il aurait ramassé (5). En définitive, le pape n'eut, je le répète, absolument rien à tirer de

(1) L'imposition de cette décime a évidemment créé la légende d'après laquelle du Guesclin aurait refusé l'argent des bourgeois d'Avignon pour ne vouloir que celui du clergé

(2) Cf. la bulle du 19 juillet 1365 publiée par M. Prou, p. 133.

(3) Ce banquier était déjà établi à Avignon en 1344; cf. l'*Inventaire des archives de Montpellier*, publié par J. Berthelé, t. I, p. 363, nᵒˢ 4070 à 4072.

(4) Cf. M. Prou, p. 140.

(5) Bulle du 23 novembre 1365, publiée par M. Prou, p. 144.

sa caisse particulière et c'est tout au plus si l'on serait en droit de prétendre qu'il abandonna certaines décimes de la province de Tours que peut-être il s'était réservées (1).

A quel chiffre se monta cette contribution du clergé de France ? Nous ne pouvons le savoir. Pourtant on se doute bien qu'il fut fort élevé, car le 26 janvier 1366, le procureur de Bertrand du Guesclin, Pierre de Villiers, grand-maître de la maison du roi, donna quittance au cardinal de Préneste pour les 32,000 francs d'or qui lui étaient encore dus sur l'argent à lui concédé par le pape (2).

Le comté Venaissin, la ville d'Avignon et la Provence ne se trouvaient pas sur le chemin direct de l'Espagne. Si leurs habitants cependant furent tellement éprouvés par le passage des routiers sur la rive droite du Rhône, que ne devaient donc pas supporter ceux du pays qu'ils traversaient (3) ? On en a une idée par la contribution qu'ils imposèrent à la ville de Montpellier : ils n'en voulurent partir qu'après avoir reçu 10,000 francs (4). Il est encore à supposer que les 4,000 francs ⌐d'or prêtés par Urbain V, le 16 janvier 1366, au cardinal Gui de Boulogne, évêque de Porto, Gilles Aycelin de Montaigu, dit le cardinal de

(1) Et encore cela n'est-il pas certain : le texte sur lequel on se base (procuration donnée par du Guesclin à Pierre de Villiers le 22 novembre 1365, publiée par H. Denifle, t. II, p. 775), n'est pas très explicite; il ne dit pas si les décimes de la province de Tours qui restent encore dues font partie de la levée générale. Pour mon compte, je le croirais assez volontiers, car les bulles des 19 juillet et 23 novembre 1365 furent adressées au métropolitain de Tours (Prou, p. 136 et 144, note 1). Je ne suis pas du tout du même avis, en effet, que le R. P. H. Denifle qui déclare (t. II, p. 487) que le pape consentit à se dessaisir en faveur de du Guesclin des décimes de la province de Tours et paya *en outre* une énorme somme, en vue de l'expulsion des Compagnies. » Je ne vois pas quelle est cette « énorme somme » exigée du pape lui-même : y avait-il une allusion dans cette phrase de la procuration de du Guesclin : « et aussi là reste que nostredit Saint Pere nous peut devoir » ? Mais ce reste peut concerner la contribution du comté Venaissin (la bulle annonçant qu'il a fait payer les 5,000 florins d'or est du lendemain 23 novembre) ou celle de la Provence pour laquelle le pape avait sans doute répondu (son prêt de 12,000 francs d'or aux Provençaux n'eut lieu que le 27 novembre). Par conséquent, la part personnelle d'Urbain V reste encore à déterminer.

(2) H. Denifle, t. II, p. 775. Remarquer que le cardinal de Préneste avait été chargé de centraliser le produit de la décime biennale.

(3) A la rigueur, on pourrait remarquer que ni la Provence, ni la ville d'Avignon, ni le comté Venaissin ne faisaient partie du royaume de France et n'étaient pas compris dans la promesse faite par du Guesclin à Charles V de n'exiger aucune finance de ses sujets ou bonnes villes. En droit, Montpellier n'était plus aussi au roi de France, puisque cette ville et sa baronnie, lors du traité de Paris (6 mars 1365), avaient été cédées à Charles le Mauvais en échange des villes de Meulan et du comté de Longueville; mais, en fait, elle faisait encore partie du domaine français, puisque le captal de Buch n'en prit possession au nom du roi de Navarre que le 17 février 1366 (*Histoire générale de Languedoc*, t. IX, p. 779.)

(4) *Petit Thalamus*, p. 369.

Thérouanne, à Pierre de Villiers et à Gui de Prohins, sénéchal de Beaucaire et de Nimes (1), avaient été donnés pour satisfaire l'appétit insatiable des Compagnies et empêcher le pillage de la sénéchaussée.

Le gros de l'armée conduit par du Guesclin, qui, on se le rappelle, s'était approché du comté Venaissin et d'Avignon dès le 5 novembre, s'était remis en route avant la fin du même mois. Le 29, Bertrand était à Montpellier et levait la contribution que j'ai dite, puis le 3 décembre il se dirigeait vers Perpignan (2), où le roi d'Aragon devait donner un premier à-compte sur les 100,000 florins qu'il avait promis pour l'expédition contre don Pèdre, son ennemi. Mais là, des bandes de routiers, satisfaites de tout l'argent reçu, peu désireuses de passer les Pyrénées et d'affronter les hasards de la guerre dans un pays inconnu, résolurent de retourner en Languedoc, où le duc d'Anjou, lieutenant général pour le roi de France, les signalait dès le 19 décembre, en prescrivant de veiller à la sûreté du pays (3). Ils s'y rencontrèrent avec d'autres détachements retardataires, qui poursuivaient leur marche vers l'Espagne et qui jusqu'au mois de février 1366, devaient défiler sous les murs de Montpellier (4). Même, ce flux incessant de compagnons toujours disposés au pillage avait nécessité de la part des habitants du Venaissin la continuation de leurs préparatifs de défense. Nous ne voyons pas, en effet, qu'après l'éloignement de du Guesclin, les travaux exécutés par les syndics de Carpentras aient subi un ralentissement (5). Bien leur en prit, car l'été de 1366 leur apporta de nouvelles alarmes (6) : en mai, juin et juillet, des *societates* de Bretons étaient signalées sur les bords du Rhône et le recteur du Comtat ordonnait d'aller prendre de leurs nouvelles au Pont-Saint-Esprit (7). On dut même à leur occasion lever sur le pays une nouvelle taille de 2,500 florins, dont il fallut leur remettre le produit pour les obliger à s'éloigner (8).

(1) M. Prou, p. 60, note 4.

(2) *Petit Thalamus,* p. 369.

(3) *Histoire générale de Languedoc,* t. X, p. 108.

(4) *Petit Thalamus,* p. 369 à 371.

(5) Voir dans les comptes BB 6 et 7 aux archives de Carpentras les sommes payées en décembre et janvier (les mois suivants furent moins chargés) pour l'artillerie, la construction ou réparation des bretèches, les fossés, les remparts, etc.

(6) Le 11 avril 1366, on devait garder les portes de la ville « propter gentes Normannias extraneas que erant in Carpentoracte ». (Arch. de Carpentras, BB 7, fol. 15).

(7) *Idem, ibidem,* fol. 54 v°. — Sur les routiers restés en Languedoc en 1366, voir la note 6 d'Auguste Molinier, p. 781 du t. IX de l'*Histoire générale de Languedoc.*

(8) *Idem, ibidem,* fol. 46 v°, 25 août : « Solvi Petro Riqueti, de Carpentoracte, col-

II.

La campagne de du Guesclin fut en effet, pour le malheur du Languedoc, trop rapidement achevée. On en connaît les résultats : l'entrée sans coup férir en Castille, le couronnement de don Enrique à Burgos, la reculade puis la fuite de don Pèdre, abandonné de presque tous ses sujets, la prise de son trésor à Séville et le partage de l'énorme butin entre tous les capitaines et gens d'armes qui avaient suivi le nouveau roi. Dès la fin du mois de mai 1366, don Enrique, conservant auprès de lui du Guesclin et une élite de Bretons, le maréchal Arnoul d'Audrehem et ses Français, Hugh de Calverly et Eustache d'Auberchicourt avec leurs Anglais, en tout seulement 1.500 lances, congédia le reste de ses troupes (1). Celles-ci n'eurent pas un seul instant la pensée d'aller combattre les Maures de Grenade : elles reprirent la route du Languedoc.

On sait qu'elles furent enrôlées par le prince de Galles, qui sur les instances de don Pèdre, entreprit, l'hiver suivant, le passage des Pyrénées pour une expédition qui devait jeter don Enrique au bas du trône de Castille et y rétablir don Pèdre. La bataille de Navarrete, livrée le 3 avril 1367, fut on ne peut plus désastreuse pour le premier, qui, complètement défait, fut réduit à se sauver précipitamment : du Guesclin, Arnoul d'Audrehem et les plus vaillants capitaines français restèrent prisonniers entre les mains du vainqueur. Quant à celles des Compagnies, pour la plupart Bretonnes, qui avaient pris part au combat sous leur direction (2), elles quittèrent également en hâte le sol espagnol et repassèrent les Pyrénées. Le pape Urbain V n'avait pas attendu leur retour : il avait profité de l'accalmie relative dont jouissaient la Provence

---

lectori tallie 11ᵐᵛᵉ florenorum in dicto Comitatu ultimo imposite pro expellendis societatibus bellicis de comitatu predicto, pro complemento solucionis partis nobilis et innobilis dicte civitatis de dicta tallia competentis... LXXXXVI lb. x s. »

(1) Ayala, t. I, p. 423; S. Luce, *Froissart*, t. VI, p. LXXXVII; E. Molinier, p. 174.

(2) Elles étaient tout à fait distinctes de celles qui avaient combattu sous les ordres du prince de Galles et qui se composaient surtout de Gascons, Flamands et Anglais. Leurs éléments principaux étaient constitués par ces corps de Bretons, qui étaient restés en Espagne avec du Guesclin ou que celui-ci, apprenant les préparatifs du prince Noir, avait fait venir du Languedoc vers la fin de l'année 1366. Aussi, lorsqu'elles apparurent en 1368 en Provence et dans le Venaissin, les connut-on sous le nom de Compagnies bretonnes.

et le Languedoc pour faire le voyage de Montpellier, puis se diriger sur Marseille et prendre la mer pour retourner en Italie (9 janvier-19 mai). Mais, avant de s'embarquer, par sa bulle du 9 mai 1367 il avait renouvelé ses anathèmes contre les routiers et leurs fauteurs (1).

La ville d'Avignon et le comté Venaissin avaient été laissés sous la garde vigilante de Philippe de Cabassole, patriarche de Jérusalem, qui depuis le 17 novembre 1362, exerçait les fonctions de recteur du Comtat (2). La bulle du 13 avril 1367 avait donné à ce prélat le gouvernement d'Avignon (3), et comme l'évêché de cette cité, par la vacance du siège épiscopal, était administré directement par le pape, Urbain V lui en avait encore conféré le vicariat au spirituel et au temporel (4). Tous les pouvoirs se trouvèrent donc réunis entre ses mains ; de plus, la nomination et la destitution des officiers lui appartinrent en propre par une délégation spéciale (5). Pour la défense du pays, il fut secondé, comme on le verra plus loin, par un chevalier tarasconnais, Jacques Albe, seigneur de Roquemartine (6), qui reçut du pape le titre de capitaine général d'Avignon et du Venaissin. Eux seuls furent chargés officiellement d'assurer la protection des États pontificaux et les sujets du pape reçurent l'ordre de leur obéir en toutes circonstances (7).

Dès le mois de juin (8), le Comtat ne se sentait plus en sûreté : le 29 de ce mois, Pons Bermond, le capitaine de Carpentras, mis en éveil par certaines rumeurs inquiétantes, ordonnait de faire le recensement des personnes portant les armes et du matériel de guerre qu'on pourrait au besoin se procurer dans la ville (9). Aussi les travaux de fortification et de défense, qui ne s'étaient

(1) Pour ces voyages et la bulle d'Urbain V, que je dois résumer ici très brièvement, cf. H. Denifle, t. II, p. 499, 5oo.

(2) Sa bulle de nomination est conservée aux Arch. départ. de Vaucluse, B 7, fol. 1. — Elle a été connue de Cottier, *Notes historiques concernant les recteurs du comté Venaissin*, p. 70.

(3) *Idem*, B 7, fol. 38 ; Cottier, p. 75.

(4) *Idem*, B 7, fol. 39 v°, bulle du 13 avril 1367 ; Cottier, *loc. cit.*

(5) *Idem*, B 7, fol. 38 v°, bulle du 15 avril 1367.

(6) Bouches-du-Rhône, c^{ne} d'Eyguières, chef-lieu de cant. de l'arr. d'Arles.

(7) Bulle du 5 février 1368 adressée aux habitants d'Avignon et du Comtat (Arch. départ. de Vaucluse, B 7, fol. 44).

(8) Déjà même le 29 avril, on disait à Carpentras que des gens d'armes se réunissaient du côté de Bonnieux. (Arch. de Carpentras, BB 7 bis, compte, fol. 169.) Il était encore trop tôt pour ce fussent des troupes revenant d'Espagne.

(9) Arch. de Carpentras, BB 7, délibérations, fol. 25.

jamais beaucoup ralentis depuis le premier passage de du Guesclin, reprirent-ils avec une certaine activité : dans les premiers jours de juillet, on bâtit dans les murs de terre élevés sur le bord des fossés, là où le rempart de pierre n'était pas construit, des espèces de réduits où l'on fixa deux grosses arbalètes (1).

Il n'était que temps de prendre ces mesures, car le 11 juillet, le recteur du Comtat annonçait que les *societates* du Languedoc voulaient traverser le Rhône ; il ordonnait en conséquence à Pons Bermond de faire bonne garde jour et nuit, de fermer les passages dans les remparts et d'élever des murs de terre ou *tapie* depuis le quartier de Serre jusqu'à la porte d'Orange (2). Quelques jours plus tard (18 juillet), le conseil de ville carpentrassien décidait d'envoyer acquérir à Gênes, au meilleur marché possible, des viretons, arbalètes et autres instruments de guerre (3).

Si l'on prenait toutes ces précautions, c'est qu'il était bruit d'une guerre qui allait être dirigée contre la Provence et la reine Jeanne. Sans aucun doute, le duc d'Anjou manifestait déjà les intentions qu'il mit à exécution quelques mois plus tard et l'on craignait qu'il n'eût recours pour cette besogne à toutes les troupes de routiers revenues en Languedoc. Philippe de Cabassole crut devoir en avertir le pape, qui lui ordonna aussitôt de veiller à la garde des pays à lui confiés, d'assister de ses conseils, de sa bienveillance et de ses secours les Provençaux menacés, de solliciter d'eux une aide pour lui-même dans la défense des États pontificaux en cas d'invasion et surtout de leur recommander de rester fidèles à leur souveraine (30 juillet 1367) (4). Quinze jours

(1) Arch. de Carpentras, BB 7 bis, compte, fol. 147 v° : « Sequntur expense per me dictum sindicum persolute in faciendo fieri balesterias gipeas in tapiis fossatorum, tam pro gipo quam pro magistris et manobis (*sic*). » La première dépense fut payée le 5 juillet, la dernière le 15 novembre.

(2) *Idem*, BB 7, fol. 25 v°. — Les dépenses relatives à ces *tapie,* où travaillèrent des équipes d'hommes et de femmes et qui furent élevées depuis la porte de Mazan jusqu'à celle d'Orange, sont consignées dans le compte BB 7 bis, du fol. 126 v° au fol. 147.

(3) *Idem*, BB 7, fol. 26.

(4) Voici cette bulle qui était restée inconnue jusqu'ici et qui jette un jour curieux sur les dangers qui menaçaient la Provence et le comté Venaissin : « Urbanus... Philippo... Admodum displicenter audivimus nova que de inferenda guerra Provincialibus reserasti et circa hoc de remediis nobis possibilibus, que opportuna credidimus, incepimus providere. Volumus igitur et tue fraternitati mandamus quod circa custodiam terrarum tue solicitudini commissarum diligenter intendas ac eisdem Provincialibus assistas consiliis, favoribus et auxiliis opportunis; eosque ex parte nostra sepius horteris quod ad deffensionem nostram contra invasores viriliter se accingant et tanquam fidelissimi, suorum majorum sectantes vestigia, carissime in

auparavant, Urbain V avait même obligé, par une première bulle adressée à son représentant avignonais, les prélats et le clergé de Provence à contribuer aux dépenses que les nobles et les communautés devaient faire pour se mettre en état de résister à l'ennemi (1).

Cette fois cependant, on en fut seulement pour l'appréhension. Si le 31 août, les syndics de Carpentras furent encore obligés d'envoyer au Pont-Saint-Esprit pour savoir si les gens de Compagnies ne mettaient pas à exécution leur projet de franchir le Rhône (2), de nouvelles alarmes ne paraissent plus avoir inquiété la population comtadine dans les derniers mois de l'année 1367. Les Bretons et autres routiers s'étaient décidés à rester en Languedoc; ainsi, par exemple, le 14 septembre, celui qu'on appelait le Limousin, Arnaud du Solier, passait à Montpellier avec une grande « route » et allait camper à Montferrier (3) et aux environs (4). Le lendemain, Perrin de Savoie, capitaine d'une autre forte Compagnie, allait se loger à Vauvert (5). Le surlendemain, Yves de Groeslon avec ses Bretons s'établissait à Mudaison (6), et la campagne devenait si peu sûre que les Montpelliérains devaient faire protéger leurs vendangeurs par une escorte fournie par le Limousin lui-même (7). Enfin, le 25 septembre, on signalait le passage d'Olivier de Mauny, qui, délivré de prison, allait à Beaucaire à la suite du duc d'Anjou (8).

Ce dernier fait est l'indice que le frère de Charles V n'avait pas abandonné le projet, qui, dévoilé quelques mois plus tôt, avait causé les frayeurs d'Urbain V. Il ne se décidait pourtant pas à agir et il attendait celui qu'il espérait mettre à la tête de ses troupes : Bertrand du Guesclin lui-même. Mais celui-ci, retenu captif à Bordeaux par le prince de Galles, n'obtint sa libération que le 27 décembre 1367. Aussitôt qu'il le put, il vint donc retrou-

Christo filie nostre Johanne, regine Sicilie, illustri comitatuum Provincie et Forcalquerii comitisse, eorum naturali domine, firmiter adhereant, nullis adversancium vexacionibus a fidelitate solita et debita separandi, quibus tanquam devotis nostris proponimus assistere favoribus opportunis. Datum Viterbii, IIII kalendas augusti, pontificatus nostri anno quinto.» (Arch. départ. de Vaucluse, B 7, fol. 41 v°.)

(1) *Idem*, B 7, fol. 42.
(2) Archives de Carpentras, BB 7 bis, fol. 169.
(3) Hérault, arr. et cant. de Montpellier.
(4) *Petit Thalamus*, p. 381.
(5) Gard, arr. de Nimes, chef-lieu de cant.
(6) Commune de Mauguio (Hérault), arr. de Montpellier, chef-lieu de cant.
(7) *Petit Thalamus*, p. 381.
(8) *Idem*, p. 382.

ver le duc à Nimes : le 7 février 1368, son passage et celui du maréchal Arnoul d'Audrehem étaient notés à Montpellier (1).

L'expédition qu'avait résolue le peu scrupuleux duc d'Anjou, n'était en somme qu'un acte de haut brigandage. Le riche comté de Provence, qui avoisinait son gouvernement du Languedoc, tentait sa cupidité. Prendre occasion de l'absence de la reine Jeanne, souveraine de ce pays, de l'incapacité de son sénéchal Raymond d'Agout (2) et de l'éloignement du pape, qui aurait, cela est certain, mis de sérieuses entraves à l'exécution de ses desseins, nouer de louches et criminelles relations avec des seigneurs mécontents, les exciter à la révolte ou à la trahison, se jeter lui-même sur la province et s'en emparer par un audacieux coup de main au mépris de tout droit, tel était le plan qu'il rêvait de réaliser (3).

L'entente avec du Guesclin, étant déjà préparée par des négociations antérieures, fut vite conclue. Le futur connétable de France, décoré depuis 1366, par la reconnaissance de don Enrique, du titre de duc de Trastamare, se mit aussitôt à l'œuvre et eut rapidement fait de réunir une armée de routiers. Le 26 février 1368, en effet, il repassait à Montpellier avec le bâtard de l'Isle, Perrin de Savoie, le Petit Meschin, Noli Pavalhon, Amanieu d'Ortigue et d'autres capitaines conduisant leurs nombreux compagnons d'aventures (4) ; après s'y être reposé, il partait dans la direction de la Provence (5). La plupart des gens qu'il emmenait étaient les Bretons qui, en 1367, étaient revenus d'Espagne en Languedoc, où ils avaient passé l'hiver. Le 10 février,

---

(1) *Petit Thalamus,* p. 382.

(2) Dès le 11 décembre 1387, Urbain V conseillait à la reine Jeanne de remplacer ce sénéchal par Guillaume Gaugié, de Forcalquier. (H. Denifle, t. II, p. 511.)

(3) Il n'est aucun compte à tenir, ainsi que l'a fait remarquer le R. P. H. Denifle (t. II, p. 510), d'après Winckelmann (*Die Beziehungen Kaiser Karls IV. zum Koenigreich Arelat,* p. 52) et Paul Fournier (*Le Royaume d'Arles,* p. 476) de la fable colportée par Thierry de Niem, d'après laquelle l'empereur Charles IV, se trouvant à Avignon en 1365, aurait cédé au duc d'Anjou ses droits sur le royaume d'Arles.

(4) Perrin de Savoie a été mentionné à Tarascon par du Guesclin lui-même dans sa lettre au sieur de la Voulte qui sera indiquée ci-après. Cuvelier le cite (vers 13887) avec le Petit Meschin (vers 13889) ; mais à ces capitaines signalés par les pièces d'archives, il ajoute, sans que nous ayons la preuve de son exactitude, le frère de Bertrand du Guesclin, Olivier, qui, quelques années plus tard, viendra ravager le Venaissin ; Olivier, Hervé et Alain de Mauny, Petit de Cambrai, Alain et Tristan de la Houssaye, Robert le Comte, le bourc de Bierne, Jacques de Bray, Alain Papillon, etc. Il est à remarquer qu'en 1367, Olivier de Mauny était capitaine ou gouverneur de Castelsarrasin (*Histoire de Languedoc,* t. IX, p. 790) ; il ne serait donc pas impossible qu'il fût venu au siège de Tarascon.

(5) *Petit Thalamus,* p. 382.

Amanieu d'Ortigue et Noli Pavalhon s'étaient même rendus maîtres d'un petit fort de la ville de Montolieu (1), dans les environs de Carcassonne ; d'autres, neuf jours après, s'étaient emparés de Pomerols (2) en Agadois (3).

Les préparatifs et la marche de du Guesclin furent aussitôt annoncés au pape, qui ignorant quels étaient les véritables desseins du duc d'Anjou, prit tout de suite peur pour ses États. Il craignit une attaque contre la ville d'Avignon et le Venaissin ; aussi promulgua-t-il en hâte une bulle solennelle, faisant défense à toutes personnes et à toutes communautés d'envahir les territoires qui lui appartenaient et d'enrôler dans ce but des gens d'armes, prohibant expressément d'accorder des secours soit en argent, soit en soldats, soit en vaisseaux à ceux qui tenteraient une entreprise contre la cité avignonaise et le Comtat, et excommuniant d'une façon formelle tous ceux qui contreviendraient à ces défenses (4).

Mais l'armée du duc d'Anjou avait un autre objectif que celui qui était redouté par Urbain V : le samedi 4 mars 1368, elle paraissait devant Tarascon et mettait le siège devant cette

(1) Aude, arr. de Carcassonne, cant. d'Alzonne.
(2) Hérault, arr. de Béziers, cant. de Florensac.
(3) *Petit Thalamus*, p. 382.
(4) Voici cette bulle, dont une copie assez défectueuse se trouve aux Archives depart. de Vaucluse (B 7, fol. 45) et qui n'avait pas encore été signalée : « Ad perpetuam rei memoriam. Humani generis Redemptoris... Sane nuper ad aures nostras relatio fide digna perduxit quod nonnulli, ambicionis et avaricie vicio obsecati, bilicos (*sic pour* bellicos) fecerunt et faciunt apparatus et quod ex ipsorum certis conjecturis et signis probabilis est exorta suspicio quod se parant ad civitatem Avinionensem et comitatum Venayssini, ad nos et eamdem Romanam Ecclesiam nullo medio pertinentes, invadendos et etiam offendendos. Nos igitur, Ecclesie, civitati et comitatui prefatis super hoc de congruo remedio providere et occurere talium conatibus malignorum et animarum periculis, corporum detrimentis, bonorum et rerum dispendiis ac scandalis et incomodis gravissimis et irreparabilibus, que si invasio et offensio predicte, quod absit, contingerint, possunt ex eis verisimiliter formidari, volentes salubriter obviare, universis et singulis clericis et laycis, cujuscumque condicionis, status, ordinis, dignitatis vel preheminencie fuerint, etiam si pontificali seu quavis alia ecclesiastica vel mundana dignitate prefulgeant, universitatibus quoque, communitatibus et civitatibus quibuscunque, auctoritate apostolica, prohibemus et mandamus expresse ne per se vel alios civitatem vel comitatum predictos, seu partem vel castra aut aliqua loca ipsorum aut alterius eorumdem, quovis colore requisito, invadere, impugnare vel offendere, seu propter hoc recipere vel exhibere gentes, stipendia sive galeas vel alia vasa maritima vel fluviatia dare, locare, comodare, aut titulo quocumque concedere seu conducere vel remigare (*sic*) in eis quovismodo presumant, aut super hiis presumptoribus ipsis prestare publice vel occulte, directe vel indirecte, consilium, auxilium vel favorem. Nos enim in omnes et singulos, qui contra inhabitacionem (*sic*) et mandatum hujusmodi venire presument, etiam si, ut predicitur, pontificali vel quavis alia ecclesiastica vel mundana dignitate prehemi-

place (1). Avec la ville voisine de Beaucaire comme point d'appui, elle pensait sans doute s'en emparer à bref délai et de là pénétrer rapidement au cœur de la Provence ; mais, contre son attente, Tarascon fit une longue résistance (2). Elle dut rester sous ses murs jusqu'au 22 mai, date à laquelle la ville, peut-être affamée, consentit à ouvrir ses portes (3). En attendant, sa présence et son stationnement dans un pays qui faisait partie du diocèse d'Avignon (4), constituaient un grave danger pour les sujets d'Urbain V. Même, pour achever de terroriser la population, des détachements vinrent établir leur camp sur le territoire de la cité avignonaise (5). Aussi, Philippe de Cabassole, vicaire de l'église d'Avignon, recteur de cette ville et du Comtat, et Jacques Albe, capitaine général dans les États pontificaux de France, entrèrent-ils en négociations avec Bertrand du Guesclin et ses principaux capitaines, Noli Pavalhon, le Petit Meschin, Bosonet de Pau et Perrin de Savoie.

Ces négociations sont bien connues depuis que le R. P. Denifle a publié les actes qui y sont relatifs, mais on ne savait pas tout : on ignorait jusqu'aujourd'hui qu'elles avaient été engagées à la suite de menaces faites par du Guesclin et ses gens d'envahir et de piller les territoires d'Avignon et du Venaissin si on ne leur donnait pas d'argent (6). C'était de leur part le renouvellement de

nencie, etiamsi de ea specialiter et expressam oporterit facere mencionem, de fratrum consilio, excommunicacionis, quam eos incurrere volumus, sententiam promulgamus, ipsorumque terras et loca, aliasque comunitates et universitates ac civitates contra premissa vel premissorum aliquod actentantes ecclesiastico subicimus interdicto, et eos et ipsorum singulos omnibus privilegiis, indulgenciis, libertatibus, graciis et immunitatibus realibus, personalibusque ab eadem Ecclesia eisdem concessis, necnon et feudorum, bonorum, honorum, officiorum et jurium que a prefata Ecclesia obtinent, de fratrum predictorum consilio, eadem auctoritate privamus... »

Cette bulle n'est pas datée ; elle est transcrite dans le registre B 7 entre d'autres des 13 et 18 mars 1368. Elle est certainement antérieure à la date où le pape apprit l'arrivée de du Guesclin devant Tarascon.

(1) *Petit Thalamus*, p. 382. — Cuvelier, l'auteur de la *Chronique rimée de Bertrand du Guesclin*, a été très mal renseigné sur ces événements et entremêle une quantité d'erreurs à son récit (vers 13801 et suiv.). Il est inutile de les relever ici.

(2) A remarquer que le château actuel, dit du roi René, n'avait pas encore été reconstruit sur le bord du Rhône ; on sait qu'il ne fut commencé qu'au début du XV⁰ siècle par Louis II d'Anjou.

(3) *Petit Thalamus*, p. 382. — Cf. H. Denifle, t. II, p. 510.

(4) Tarascon, rappelons-le, était de l'évêché d'Avignon ; l'église Sainte-Marthe était le siège d'un archidiacre de ce diocèse.

(5) Cf. la supplique adressée au pape Grégoire XI par les Avignonais et publiée par P. Mérimée, *Histoire de don Pèdre I*ᵉʳ, p. 582.

(6) Voir la bulle du 18 janvier 1369 qui sera transcrite ci-après.

la tactique qui leur avait bien réussi au mois de novembre 1365 et qui devait cette fois encore être couronnée de succès : ils savaient bien que le pays n'était pas en état de leur résister, ils savaient bien en particulier que les remparts d'Avignon (1) et de Carpentras, pour ne citer que ces deux villes, étaient loin d'être achevés. Choisissant le moindre mal, Philippe de Cabassole et Jacques Albe se décidèrent à passer par leurs exigences et à conclure un traité avec eux : ils obtinrent que l'armée s'éloignerait et respecterait la cité d'Avignon, le comté Venaissin et lieux adjacents appartenant au pape et à l'Église romaine, les terres et localités de l'église d'Avignon, même celles qui se trouvaient en Provence, les habitants de ces pays et leurs biens. Si d'autres troupes venaient rejoindre celles qui se trouvaient déjà devant Tarascon, elles observeraient le même pacte ; de plus, si les engagements ainsi contractés étaient violés, tous les dommages seraient amendés et restitués. Ce serment fut juré par du Guesclin et ses compagnons le 23 mars.

La procuration que Philippe de Cabassole et le seigneur de Roquemartine avaient fait passer, deux jours auparavant, à leur agent, Pierre Beth (2), archidiacre d'Aure en l'église de Comminges, porte qu'il devait être donné sans aucune promesse ou offrande de la part de l'Église romaine et de ses représentants. C'était trop ménager les susceptibilités des contractants, car à défaut de la bulle du 18 janvier 1369, à laquelle je viens de faire allusion, bien des indices marquent d'une façon non équivoque la façon dont il fut obtenu et dévoilent le sens des conventions en langue française, précédemment acceptées par l'une et l'autre partie : on remit en effet, dans le même temps, au duc de Trastamare un à-compte de 5,000 florins sur les 37,000 réclamés par lui au pape. Évidemment, c'était la rançon qu'il prélevait sur les États pontificaux. Le patriarche de Jérusalem et Jacques Albe avaient été obligés d'en emprunter la moitié au banquier avignonais Michel Baroncelli et ils avaient fait verser le tout entre les

---

(1) Je renvoie pour les remparts d'Avignon aux diverses monographies qui les concernent, mais je crois devoir signaler ici deux bulles d'Urbain V des 7 décembre 1367 et 6 février 1368 relatives à leur continuation et à la démolition de la maison habitée par le cardinal Gui de Boulogne et de toutes les autres qui gênaient leur construction. (Arch. départ. de Vaucluse, B 7, fol. 41 v° et 44 v°.)

(2) C'était sans doute un parent d'Ambroise Beth, de Carcassonne, trésorier des finances royales en Languedoc, signalé de 1377 à 1380 par l'*Inventaire des archives de Montpellier*, publié par mon excellent confrère M. Joseph Berthelé, t. I, p. 132 n°° 4182 et 4183.

mains d'un autre banquier de la même ville, André Tichi, chez lequel du Guesclin fit prendre la somme par l'anglais Janequin Le Clerc, son procureur (24 mars) (1).

Cet accord, porté à la connaissance du pape Urbain V, fut approuvé par lui, mais bien à contre-cœur. En définitive, déclarera-t-il plus tard, c'était agir avec circonspection que de détourner par un sacrifice d'argent un aussi grand fléau que celui dont on était menacé (2).

Aussitôt qu'il sut à Rome la nouvelle de l'attaque de la Provence, il manifesta ses sympathies pour ceux qui étaient si injustement opprimés. Mieux même, il ordonna à son représentant Philippe de Cabassole de veiller à leur sûreté, de les défendre et de les aider, absolument comme il le ferait pour les Avignonais et les Comtadins (25 mars 1368) (3). Puis, quelques jours après, il intervint auprès du roi de France et lui écrivit son amer chagrin d'apprendre que des gens de son royaume, munis d'armes, de vivres et de vaisseaux, eussent envahi le comté de Provence, fief d'empire, sans motif légitime et sans déclaration de guerre ; il lui demanda en conséquence de faire cesser la détestable entreprise de son frère contre sa parente la reine Jeanne et lui fit entrevoir que celle-ci, par représailles, pourrait appeler à son secours un prince étranger qui porterait les hostilités dans la sénéchaussée de Beaucaire et le Dauphiné (3 avril 1368) (4). En même temps que cette bulle, fut expédiée une protestation en règle auprès de l'empereur (5).

Étant aussi favorablement disposé en faveur des Provençaux, le pape ne manqua pas, sur les plaintes que lui en adressa la reine Jeanne, de blâmer très vivement la conduite des Avignonais et des Comtadins, qui par peur sans doute et pour achever de se rendre favorables les routiers à la solde du duc d'Anjou,

---

(1) Tout ceci est extrait des sept documents, datés des 21-24 mars 1368, conservés aux Archives du Vatican et publiés par le R. P. H. Denifle, t. II, p. 778 et suiv.

(2) Voir la bulle du 18 janvier 1369, qui sera rapportée ci-après.

(3) Voici l'essentiel de cette bulle inédite : « Urbanus .. Philipo... Terras Provincie in statu prospero et tranquillo observari cordiali affectione, propter raciones multiplices quas tue circonspectioni notas esse credimus, cupientes, fraternitati tue mandamus quathinus circa conservacionem et deffencionem ipsorum ita solerte invigiles et favoribus opportunis insistas, sicut facis et faceres pro conservacione et deffencione civitatis Avenionensis et comitatus Venayssini... Datum Rome apud Sanctum Petrum, VIII kalendas aprilis, pontificatus nostri anno sexto.» (Arch. départ. de Vaucluse, B 7, fol. 46.)

(4) Prou, *op. cit.*, p. 69 et 157, pièce justif. n° LXXVIII.

(5) *Idem*, p. 70.

leur faisaient passer des vivres et des armes à leur camp devant Tarascon (18 avril) (1). Un fait même lui fut dénoncé qui lui déplut extrêmement : une galère des Grimaldi, de Gênes, venue pour porter secours aux assiégés, pressée par les gens de du Guesclin, s'était rendue à Avignon avec un sauf-conduit pour y prendre des vivres ; moins heureux que ses adversaires, à qui rien n'était refusé, l'équipage n'avait pu obtenir quoi que ce soit ; faute de secours, les hommes avaient péri ou avaient été faits prisonniers. Aussi, Urbain V recommanda-t-il à Philippe de Cabassole, à la date du 30 mai, d'agir d'une façon toute différente : il voulait que ses sujets compâtissent aux malheurs des Provençaux et leur prêtassent un secours qu'il fallait absolument refuser aux gens des Compagnies (2).

Cette partialité des Avignonais et des Comtadins pour les routiers ne devait pas leur porter bonheur ni les mettre à l'abri des pillages et des atrocités que ces gens de guerre avaient l'habitude de commettre : même avant la fin du siège de Tarascon, des bandes de brigands entrèrent dans le Venaissin qu'ils ravagèrent, et les représentants du pape durent ordonner à tous ceux qui devaient le service militaire de faire des chevauchées et de se mettre à leur disposition pour repousser l'ennemi. Cela ne fut pas du goût de tous : il y eut des réfractaires, qui, ne voulant pas obéir, crurent pouvoir se dispenser de leurs obligations en adressant un appel au pape. Celui-ci répondit par la bulle du 26 mai : il s'éleva contre de tels procédés et ordonna à Philippe de Cabassole et à Jacques Albe de contraindre les récalcitrants par des peines temporelles ou des censures spirituelles (3). Les gens de Carpentras durent être touchés par cette bulle ; pendant tout le mois de juin, on les voit, en effet, très affairés pour faire révoquer les lettres sur les gages de leur capitaine Pons Bermond, accordées par le patriarche de Jérusalem et le capitaine général du Comtat et contre lesquelles ils procédaient en justice. Leurs syndics s'agitaient fort aussi à cause du gage de 200 florins qu'ils avaient dû donner sur leurs biens : le trésorier du Comtat avait réclamé cette somme pour ceux qui servaient en armes à Carpentras (4).

---

(1) Arch. départ. de Vaucluse, B 7, fol. 46 v° ; H. Denifle, t. II, p. 511, note 5, avec la date du 19 avril. La bulle, dans le registre B 7, porte bien comme date le 14 des calendes de mai.

(2) H. Denifle, t. II, p 511, note 6.

(3) Arch. départ. de Vaucluse, B 7, fol. 47 ; H. Denifle, t. II, p. 513, note 1.

(4) Arch. de Carpentras, CC 154, fol. 2 v°.

En conséquence des ordres donnés, les villes et places fortes durent se mettre en état de défense : on constate, par exemple, que la capitale du Venaissin, à la date du 15 mai, fut obligée de commander pour son artillerie un millier de carreaux ou de viretons d'acier (1).

C'est surtout lorsque Tarascon eut ouvert ses portes aux assiégeants et lorsque les routiers se répandirent comme un torrent dévastateur dans la Provence (2), que le comté Venaissin eut à redouter leurs excès. Dès le 15 juin, les Carpentrassiens envoyaient des messagers à Gigondas et à Sablet pour avoir nouvelles des *societates* qui devaient passer par là (3). Deux jours après, ils prenaient à Avignon les ordres du recteur pour savoir s'ils pouvaient leur donner les vivres, ainsi qu'on avait fait précédemment pour les compagnons de du Guesclin. On leur répondit par la négative, conformément aux instructions données par le pape (4). Peut-être est-ce ce changement de procédés qui déchaîna un peu plus la colère des gens de Compagnies, habitués à être mieux traités. Mais tout d'abord les routiers ne firent que passer : ils étaient trop occupés par leurs courses en Provence et par la querelle qui, à cause d'eux, s'était élevée entre les Dauphinois et les Provençaux ; les premiers, hostiles pour commencer aux soldats de du Guesclin, s'étaient cependant servis des Bretons pour venger l'exécution d'un noble clerc dauphinois par le capitaine provençal de Sisteron ; avec eux ils avaient envahi la Provence, surtout dans la partie située au nord et à l'est du comté Venaissin, et c'était entre les uns et les autres une suite d'escarmouches ou une série de représailles violentes (5).

C'est pour cela que, le 28 juin, on envoyait à Malaucène, pays rapproché du théâtre de cette guerre, demander au viguier où se trouvaient les gens de Compagnies (6). Ils ne tardèrent pas à arriver dans le Venaissin : les messagers que Pons Bermond et les

---

(1) Arch. de Carpentras, CC 153, fol. 53 v°.

(2) Je ne parlerai pas du prétendu siège d'Arles, que du Guesclin aurait entrepris après celui de Tarascon ; je me contente de renvoyer pour ce sujet au R. P. H. Denifle, t. II, p. 512 (voir surtout la note 2). Cuvelier est de ceux qui ont parlé de ce siège (vers 14040 et 14041) ; mais son récit est tellement fantaisiste, même en ce qui concerne la prise de Tarascon, que son témoignage est très suspect.

(3) Arch. de Carpentras, CC 153, fol. 74 ; CC 154, fol. 1 v°.

(4) *Idem*, CC 154, fol. 1 v°.

(5) Sur cette guerre entre le Dauphiné et la Provence, voir surtout H. Denifle, t. II, p. 515 et suiv., p. 788 et suiv. Je ne puis faire que résumer ce qui est utile à savoir pour le comté Venaissin.

(6) Arch. de Carpentras, CC 153, fol. 74 v° ; CC 154, fol. 2.

syndics de Carpentras expédièrent dans la soirée du 8 juillet à Caromb, Crillon et Bedoin, revinrent le lendemain matin annoncer qu'il y en avait de logés dans le prieuré de Bedoin (1); le 9 juillet cependant, ils en étaient repartis (2). C'était le prélude d'une invasion complète du pays, et elle fut si rapide que, le 18 du même mois, l'archevêque d'Embrun pouvait écrire au cardinal Gilles Aycelin de Montaigu que tous les chemins du Dauphiné et de la Provence jusqu'à Avignon étaient occupés par les Bretons (3). Cependant du Guesclin lui-même s'était en allé depuis les premiers jours de juillet (4); mais les troupes qu'il avait laissées dans le Comtat et dans les pays voisins étaient toujours réputées être à lui et l'on verra plus loin que lorsque le pape crut devoir sévir contre elles, il s'en prit directement au duc de Trastamare, qu'il rendit responsable de leurs excès.

L'occupation et la dévastation du territoire avignonais et du Venaissin eurent lieu surtout à la fin de juillet et pendant le mois d'août 1368 : le pillage, l'incendie, le meurtre, tels furent les principaux exploits des routiers contre la malheureuse population (5). On voit s'ils s'entendaient à garder la foi des traités conclus précédemment et quelle idée singulière ils avaient de la protection qu'ils avaient jurée de donner aux sujets du pape. Grâce cependant aux mesures prises par Philippe de Cabassole et Jacques Albe, ils ne purent que ravager la campagne, sans pouvoir occuper des forteresses d'où il aurait été difficile de les déloger. Mais, pour comble de malheur, les paysans, ainsi maltraités et aussi peu défendus, se révoltèrent et joignirent leurs excès à ceux des Bretons (6). Ce fut comme une espèce de petite Jacquerie, qui était restée inconnue jusqu'ici et sur laquelle on manque malheureusement de renseignements.

Les villes et places fortes, ainsi que la campagne, étaient gar-

(1) Arch. de Carpentras, CC 153, fol. 77 v° ; CC 154, fol. 2.

(2) *Idem, ibidem.*

(3) H. Denifle, t. II, p. 789. .

(4) Le 5, il se trouvait déjà à « Maillonne », non loin de Montbrison, quand il écrivit au sieur de la Voulte une lettre des plus fières qu'a publiées M. L. Delisle (*Deux Lettres de Bertrand du Guesclin et de Jean le Bon, comte d'Angoulême*, dans la *Bibliothèque de l'École des chartes*, t. XLV, p. 302.)

(5) Voir la bulle d'excommunication du 1ᵉʳ septembre 1368, publiée par M. Prou, p. 161.

(6) Arch. de Carpentras, CC 154, fol. 3 : « Item, anno [1368] et die quinta mensis augusti, solvi Matheo Mercerii qui, die sabbati proxime preterita, portavit litteras ad dominum rectorem, ex parte domini judicis et sindicorum, *pro rebellione quam faciebant laboratores...* »

dées par les garnisons que le capitaine général y avaient mises. Elles y étaient à la solde des habitants du pays, qu'Urbain V pria, le 8 août 1368, de verser la contribution nécessaire à leur paiement (1). Mais comme il se défiait, et pour cause, de la bonne volonté des communautés à supporter cette dépense, il donna en même temps pouvoir au recteur Philippe de Cabassole de contraindre par les rigueurs de droit celles qui s'y refuseraient (2). A cette date, le pape ignorait encore la gravité de la situation et croyait que les Compagnies ne dévastaient que les comtés de Provence et de Forcalquier ; il ne pensait donc prescrire que des mesures de prévoyance. Cependant, il redoutait vivement une invasion dans ses domaines : aussi écrivit-il, le même jour, à l'archevêque de Lyon, à l'évêque de Valence et au comte de Valentinois pour leur demander d'accéder à la requête de Philippe de Cabassole et de lui envoyer les soldats et les vivres dont il pourrait avoir besoin pour la défense de ses

(1) Bulle adressée aux habitants d'Avignon et aux communautés du Comtat : Arch. départ. de Vaucluse, B 7, fol. 50 ; M. Prou, p. 159, n° LXXXI.

(2) Cette bulle, restée inconnue, est assez intéressante pour qu'elle soit rapportée ici. En voici le texte :

« Urbanus... Philipo, patriarche Jerosolimitano, salutem... Percepto nuper quod gencium societatis pestifere filiorum Satane rabies in Provincie et Forcalquerii comitatibus, qui civitati nostre Avinionensi et comitatui Venaysini ad nos et Romanam Ecclesiam spectantibus, quorum es rector, vicini existunt, hiis diebus deseviens, terras depopuletur comitatuum eorumdem, sicque verisimiliter formidandum quod gentes pestifere seviciis imbute, iniquitati laxatis habenis, non ponent insolencie terminum, sed terris predictis seva eorum depopulacione vastatis, fines dictorum civitatis et comitatus ingredi molientur, fideles nostros civitatis et comitatus Venayssini predictorum cives et incolas universos requirimus per alias nostras licteras et hortamur, eis districte mandantes ut secundum ordinacionem tuam, quam tua fraternitas et dilectus filius nobilis vir Jacobus Albe, miles, dictorum civitatis et comitatus Venayssini capitaneus, duxeritis faciendam, ipsi incole contribucionem peccuniarum dandam stipendiariis pro tuicione civitatis et comitatus Venayssini predictorum, magnis obviaturi periculis, facere non omictant. Verum, quia, prout audivimus, universitates civitatis et comitatus Venayssini predictorum se in facienda contribucione hujusmodi difficiles et renitentes reddiderunt hactenus atque reddunt, nos considerantes tantis obviari periculis fore nullathenus negligendum, licet ex parte tui officii rectoriatus possis eosdem universitates, cives, incolas et habitatores ad hoc compellere, nichilominus tamen eidem fraternitati tue super modo et forma contribucionis hujusmodi libere disponendi ac universitates, cives, incolas et habitatores supradictos et alios de terris Romane Ecclesie subjectis, sub tuo regimine consistentes, ad contribucionem ipsam faciendam, auctoritate nostra, per censuram ecclesiasticam et etiam alias, prout ex potestate officii temporalis tibi commissi potes et poteris, appellacione postposita, compellendi, non obstantibus... facultatem concedimus. Datum apud Montemflasconem, vi idus augusti, pontificatus nostri anno sexto. » (Arch. départ. de Vaucluse, B 7, fol. 49 v°.)

États (1). Déjà même, le 1ᵉʳ août précédent, en prévision de l'arrivée des ennemis dans les territoires d'Avignon et du Comtat, il avait adressé au patriarche de Jérusalem une bulle pour obliger le clergé à contribuer aux dépenses que les nobles et les communautés devaient faire pour la construction de leurs remparts, la fortification des localités utiles à garder et la solde des gens d'armes (2).

Les habitants de Carpentras, dont nous connaissons déjà les préparatifs pour se mettre à l'abri d'une attaque de l'ennemi, ne s'étaient pas laissés prendre au dépourvu. Avec activité ils avaient continué leurs travaux, mais c'est surtout en juillet et août, pendant la période qui correspond aux plus grands ravages des gens de Compagnies, qu'ils augmentèrent leur matériel d'artillerie : dès le 4 juillet, les syndics commençaient à payer de nouvelles armes ; le 5, ils donnaient un à-compte à l'industriel qui leur confectionnait des « stralhons » ; le 15, ils dépensaient pour les accessoires de leurs grosses arbalètes ; au mois d'août, ils faisaient faire du charbon, sans doute pour leurs canons de garrots et brûlaient ainsi jusqu'à 32 quintaux de bois (3) ; ils achetaient 630 viretons et finissaient de payer 12 nouvelles arbalètes (4). En même temps, ils faisaient charger les pierres de Notre-Dame du Grès, malgré l'opposition des chanoines de ce monastère qu'on fit tenir en respect par des hommes d'armes, et on les porta à l'intérieur de la ville pour les employer à la défense des remparts (5).

(1) Bulle publiée par M. Prou, p. 159, n° LXXX.

(2) Voici quelques extraits de cette bulle encore inédite : « Ad nostri pervenit apostolatus noticiam quod dilecti filii nobiles et universitates civitatis Avinionensis ac eciam civitatum, castrorum et locorum comitatus Venayssini et quorumdam aliorum locorum solitorum per rectorem dicti comitatus, qui est pro tempore, gubernari, ad nos et Romanam Ecclesiam pleno jure spectancium, nonnullis personalibus realibusque periculis metu potenti cadere inconstantes, personis clericalibus et laycalibus dictorum civitatum, castrorum et locorum probabiliter venturis de proximo, merito formidandis, disponunt, Deo adjutore, resistere, seque pro posse viriliter deffendere, ac muros dictorum civitatum, castrorum et locorum compleri et reparari facere, prout fuit opportunum, quodque ad hujusmodi resistencie ac deffensionis faciende per stipendiarios conducendos, apparatum et fabricam murorum, non mediocres expense ipsi incumbunt... » (Arch. départ. de Vaucluse, B 7, fol. 48 v°).—C'est à peu près la répétition de la bulle du 15 juillet 1367, adressée à Philippe de Cabassole pour le clergé de Provence.

(3) « Solvi... in diminucionem carbonis quod fecerunt in domo Fratrum ad opus arthelharie... — Solvi... pro precio xxxii quintalium lignorum... pro faciendo carbonem ad opus artelharie. »

(4) Arch. de Carpentras, CC 154, fol. 9 v° et 10.

(5) *Idem*, CC 154, fol. 114. — L'opposition des chanoines suscita des rixes : un homme fut blessé par Jacques Robert et soigné aux frais de la municipalité de Carpentras. (*Idem*, CC 153, fol. 94 v° ; CC 154, fol. 115 et 222 v°.)

La principauté voisine d'Orange ne se crut pas non plus en sûreté. Le 9 août, le prince rappelait aux conseillers de sa ville capitale que lorsqu'on voit brûler la maison de son voisin, on doit craindre pour soi-même ; et comme les Bretons dévastaient alors le comté Venaissin, il était à redouter qu'ils n'étendissent leurs ravages. Il fit donc prendre certaines mesures de protection et pour commencer nommer un capitaine chargé de la défense (1). On organisa ensuite la garde des remparts et on y obligea les riches qui, à l'indignation des petites gens, voulaient s'en dispenser (2). Mais la principauté semble n'avoir pas eu le même traitement que le pays voisin : Perrin de Savoie et le bâtard de Comminges, qui, le 20 août, prenaient soin d'avertir le prince de leur passage (3), ne témoignaient certainement pas l'intention de se conduire en ennemis.

Ce qu'il y a de remarquable c'est que le gouvernement du duc d'Anjou, le Languedoc lui-même, eut à souffrir de cet état de choses. A la faveur des troubles qui étaient la conséquence de la guerre de Provence et des événements qui avaient suivi, des bandes de voleurs et de pillards s'étaient répandues dans la sénéchaussée de Beaucaire. Sur la plainte des communautés foulées et oppressées, le roi de France dut, le 6 août 1368, abolir un subside de 12 deniers pour livre qui avait été décrété en Languedoc (4). La désolation était donc générale.

L'indignation d'Urbain V ne se contint plus : le 1ᵉʳ septembre, après avoir rappelé les conventions passées devant Tarascon, au mois de mars précédent, entre ses représentants, Bertrand du Guesclin et ses capitaines, après avoir rappelé leur serment solennellement prêté de respecter la personne et les biens de ses sujets, après avoir signalé au monde chrétien les excès dont ils s'étaient rendus coupables, il lança l'excommunication contre du

---

(1) Arch. d'Orange, BB 2, fol. 60 v° : « Fuit propositum in dicto conscilio per dominum nostrum principem quod societates Britonorum sunt et currunt in comitatu Venaycini, et qui vidit (sic) combruere hospicium sui vicini debet timere, et ideo consilium debet providere de remedio et specialiter de capitaneo... » Il est curieux d'observer que, les 8 et 9 août, le pape et le prince d'Orange, très éloignés l'un de l'autre, employaient les mêmes expressions pour obliger leurs sujets à se garder. Le pape disait, en effet, dans sa bulle aux gens d'Avignon et du Comtat : « Prudentis est consilii pericula ne noceant precavere et cum proximi paries uratur, antequam ignis vicinus in flammam transeat, domus proprie destructivam, oportuna remedia providere. »

(2) *Idem*, BB 2, fol. 62.

(3) *Idem, ibidem.*

(4) *Histoire générale de Languedoc*, t. X, col. 1389, n° 538.

Guesclin et tous ses complices, mit en interdit les cités, châteaux, villes, lieux et territoires où ils se trouvaient et où ils pourraient séjourner, les fit sommer de rendre dans le plus bref délai tous les biens dont ils s'étaient emparés appartenant aux Avignonais, Comtadins et fidèles de l'église d'Avignon, et défendit enfin à toutes personnes, princes, ducs, marquis, comtes, barons, sénéchaux, etc., d'entretenir commerce ou d'avoir des relations avec eux, de leur fournir des vivres ou autres secours, de les recevoir, de conclure alliance avec eux, etc. (1).

A vrai dire, l'excommunication était peu redoutée des brigands qui s'étaient mis au-dessus de toutes les lois divines et humaines ; mais elle avait quelquefois pour effet de les exaspérer et de les pousser à de nouveaux crimes. Malgré son indignation, Urbain V, dans l'intérêt de ses sujets, se crut donc obligé d'user de circonspection : il avait d'abord pris soin de ne pas mettre dans l'adresse de sa bulle le nom de Philippe de Cabassole, à qui il voulait réserver tous ses moyens d'action et ne pas créer d'inimitiés, mais seulement celui de l'official d'Avignon. Puis, il attendit quelques jours avant de promulguer l'anathème : il ne se décida que le 14 septembre à faire expédier la bulle du 1er, et encore il s'en rapporta à l'expérience et à l'habileté de son représentant pour la mettre à exécution (2). Elle fut cependant communiquée aux villes et communautés et il est probable que les dispositions en furent publiées.

Mais déjà, pour faire cesser les déprédations et pour éloigner l'ennemi, on avait eu recours à d'autres mesures, dont l'emploi réussissait toujours : on avait acheté à prix d'argent le départ des Compagnies. Bien que les documents de cette époque aient subsisté en petit nombre et seulement d'une façon fragmentaire, on sait que des tailles furent imposées sur le clergé, les barons

---

(1) Cette bulle, dont des exemplaires se trouvent aux Archives départementales de Vaucluse (B 7, fol. 5o v°) et dans celles de la ville de Carpentras (EE 1, n° 1), a été publiée par M. Prou, p. 161. Elle avait été connue par S. Luce, *Froissart*, t. VII, p. xxvi, note 1.

(2) Ces appréhensions sont dévoilées par une lettre du camérier du pape adressée à Philippe de Cabassole, que l'on n'avait pas connue jusqu'ici. La voici en entier :

« Reverendo patri in Christo domino Philippo, patriarche Jerosolimitano, rectorique comitatus Venayssini et vicario Avinionis. Reverende pater et domine, micto vobis processus apostolicos in bulla alba interclusos, qui comictuntur officiali Avinionensi et non vobis, ne ipsos exequendo inimicicias acquiratis ; tamen non utatur eis, nisi vobis apparet expediens vel necesse. Altissimus vos conservet. Scriptum manu mea rudi apud novam civitatem Montisflaconis, die xiiii septembris.» (Arch. départ. de Vaucluse, B 7, fol. 52.)

ou nobles et les communautés du Venaissin pour rembourser les frais de la guerre et pour restituer à ceux qui les avaient avancées, non seulement les finances données à Bertrand du Guesclin devant Tarascon, mais encore celles qui furent versées à ses gens dans le but de leur faire évacuer le pays, traité inhumainement par eux (1). Les Avignonais, dans une supplique qu'ils adressèrent à Grégoire XI, parlèrent de la contribution de 5,000 florins payée par Philippe de Cabassole au mois de mars 1368, puis d'une seconde, dont le montant reste indéterminé et qui fut remise au même du Guesclin en vertu d'un nouvel accord : ils avaient eu à payer leur part de l'une et de l'autre (2). Enfin, Urbain VI déclarera lui-même à la date du 18 janvier 1369 que les *societates*, envahissant, au mépris de leur serment, les territoires d'Avignon et du Comtat, extorquèrent une forte somme d'argent (3). Voilà évidemment qui lève tous les doutes sur la réalité de la nouvelle rançon payée par les malheureux habitants de ces pays (4).

Ce fut à l'habileté de Philippe de Cabassole que l'on dut d'obtenir l'éloignement des routiers. Nul doute que pour se procurer l'argent comptant et pour traiter plus tôt avec les gens de Compagnies, il n'ait eu recours, comme on l'avait fait précédemment, aux riches banquiers avignonais. L'urgence des versements à effectuer ne lui permettait guère d'agir autrement. En tout cas, il semble bien que les négociations entamées par lui avec les chefs de brigands déchaînés dans les États pontificaux, aient abouti vers le milieu d'août : si, en effet, le 20 de ce mois, Perrin de Savoie et le bâtard de Comminges avertissaient le prince

---

(1) « Pro solvenda et restituenda pecunia data domino Bertrando de Clequino, ejusque inquam societatibus, ut comitatum ipsum que[m] inhumaniter lacerabant, omnino dimiterent, et pro ali[i]s expensis factis in custodia et defensione dicti comitatus. » (Bibl. d'Avignon, ms. 2398, fol. 25 vᵛ.)

(2) Mérimée, *op. cit.*, p. 582 et 583. — La copie reproduite par cet auteur, qui la tenait de M. Paul Achard, est extrêmement défectueuse et par endroits tout à fait incompréhensible. Il est regrettable que la cote n'en ait pas été donnée pour qu'on en fasse la vérification.

(3) Voir ci-après le texte de cette bulle.

(4) L'auteur de la *Chronique rimée de Bertrand du Guesclin,* qui n'a pas connu tous ces événements, fait dire au duc d'Anjou, lorsque son héros le quitte (vers 14066 à 14068) :

> « ... Vous alez bien parlant.
> De moy emporterez .x. mile maintenant ;
> Et au pape de Romme irai si exploitant,
> Que .xx. mil en arez.... »

Évidemment, c'est un écho des exactions de Bertrand du Guesclin et de ses gens dans le comté Venaissin.

d'Orange de leur prochain passage, on est en droit de supposer qu'ils s'acheminaient dans la direction du pont du Saint-Esprit, pour repasser le Rhône et retourner en Languedoc (1). C'était sans doute là le commencement de l'exode obtenu à prix d'argent. L'hypothèse ici présentée n'est pas sans quelque vraisemblance : les auteurs du *Petit Thalamus* de Montpellier ont signalé, en effet, à l'époque des vendanges, le retour des Compagnies qui avaient assiégé Tarascon : elles se rendaient alors dans les environs de Toulouse (1). C'était la fin de l'expédition du duc d'Anjou en Provence, que clôtura le traité passé à Toulouse, au mois de novembre suivant, avec Roger de Saint-Sévérin, comte de Mileto, représentant de la reine Jeanne (2); mais, hélas! ce n'était pas la fin des malheurs des Provençaux et Dauphinois, qui allaient reprendre leur querelle sanglante. Les Avignonais et Comtadins ne devaient pas non plus rester longtemps sans voir revenir sur leurs terres ces Bretons et autres gens de guerre dont ils avaient tant à redouter.

En attendant, il leur restait à payer les dépenses occasionnées par cette dernière invasion ; il leur fallut surtout rembourser les sommes versées pour eux à deux reprises différentes, dans le courant de l'année 1368, à Bertrand du Guesclin et aux capitaines de son armée. L'établissement d'une taille, portant d'une part sur les habitants d'Avignon, d'autre part sur ceux du Venaissin, fut donc décidé; mais elle fut loin d'être acceptée sans difficulté par les intéressés. Elle donna même lieu à de vives protestations contre le recteur Philippe de Cabassole ; on lui reprocha d'avoir inutilement traité une première fois avec les routiers et de leur avoir donné de l'argent pour une sauvegarde qui n'avait pas été observée, on refusa de contribuer au remboursement des cinq mille florins versés au mois de mars 1368, etc. La querelle vint à un tel point que le pape fut obligé d'intervenir : il couvrit com-

---

(1) Perrin de Savoie, le Petit Meschin, Amanieu d'Ortigue, Bosonet de Pau et Noli Pavalhon, les anciens compagnons de du Guesclin devant Tarascon, furent encore enrôlés à l'automne de 1368 par le duc d'Anjou, pour la guerre contre les Anglais en Guyenne, Agenais, Rouergue et Quercy; mais ils se rendirent tellement suspects par leur conduite équivoque que le duc les fit noyer ou exécuter le 11 mai 1369. (*Petit Thalamus*, p. 384.)

(1) « Item, en vendimias, totz losdichs capitanis foron entorn Montpeller am lurs Companhas, tornan de Tarascon et anan vers Tholosa, per que foron gardas de la vendimia de Montpeller... » (*Petit Thalamus*, p. 382.)

(2) *Petit Thalamus*, p. 383. — Le château de Tarascon ne fut rendu à la reine Jeanne que le 30 novembre 1369. (*Idem*, p. 384.)

plètement son représentant, approuva tout ce qu'il avait fait dans l'intérêt du pays (1) et obligea les récalcitrants à payer la quote-part qui leur revenait (18 janvier 1369) (2). La communauté de Carpentras avait encore émis une autre prétention : celle de faire percevoir la taille à laquelle elle était taxée par des syndics à elle, qu'elle avait présentés à l'acceptation de Philippe de Cabassole. Elle fut déboutée elle aussi de sa demande et Urbain V défendit expressément au recteur d'y consentir (3). Pour briser toutes les résistances, le pape renvoya même à ce dernier toutes les appellations qu'on lui avait transmises, en lui donnant le pouvoir de les juger (4).

On ignore cependant le montant exact des tailles levées sur le

(1) Philippe de Cabassole avait, par sa conduite sage et prudente, si bien mérité la reconnaissance du pape que celui-ci le comprit dans la promotion de cardinaux, qu'il fit le 22 septembre 1368. Deux jours après, il le confirma dans son office de recteur d'Avignon et du Comtat. (Arch. départ. de Vaucluse, B 7, fol. 52 v°; Cottier, p. 76.)

(2) Voici le texte de cette bulle, qu'on me permettra de transcrire ici presque en entier, en raison de l'intérêt qu'elle présente :

« Urbanus... Philipo, sancte Romane Ecclesie presbiteri cardinali... rectori salutem... Ad nostrum pervenit auditum quod cum dudum nonnulle gentes perverse appellate sociales, quas in unum sub ducatu illicito Bertrandi de Claquino, comitis Transtamere, malignandi confederavit voluntas, comitatus Provincie et Forcalquerii invasissent et civitatem Avinionensem et comitatum Venayssini, nobis et Ecclesie Romane inmediate subjectos, minarentur invadere et predari, quod statim per eos fieri, nisi per cives et incolas dictorum civitatis et comitatus magna peccunie quantitas daretur eisdem, probabiliter timebatur, tu, tamquam vir circumspectione preditus, futuris volens obviare periculis atque dampnis, que ex ostilitate dictarum gencium erant verisimiliter secutura, consideransque quod pro deffensione patrie tibi et dictis civibus et incolis non audeat (sic pour erat) resistendi facultas, eligendo minus malum, pro redimendo periculosam nimium et damnosam vexacionem ipsorum civitatis et comitatus, receptis ab ipsis Bertrando et gentibus suis fide ac promissionibus oportunis quod civitatem et comitatum eosdem non offenderent, eis quinque milia florenorum auri solvisti, de quo tuam circumspectam prudenciam commendamus. Cum autem, sicut super audivimus, hujusmodi florenorum quantitatem inter cives civitatis et incolas comitatus prefatorum fideliter et provide duxeris dividendam, sed nonnulli ex eis in ipsa quantitate florenorum, ut prefertur, soluta pro rata eos contingente ex eo contribuere contradicunt, quod eidem Bertrandus et gentes sue, eadem quantitate recepta, contra premissam fidem venientes, dictos civitatem et comitatum, ut extorquerent, prout extorserunt, a te ac civibus et incolis predictis, majorem peccunie quantitatem, multipliciter vexaverunt, nos considerantes quod in hoc nulla intervenit tua culpa, sed infidelitas iniquorum, circumspectioni tue per apostolica scripta mandamus, quathinus prefatos cives et incolas ac alios contradictores ad contribuendum occasione predicta pro rata eos, ut predicitur, contingente, per censuram ecclesiasticam et temporalem districtionem, auctoritate nostra, postposita interpellacione, compellas, non obstantibus....

« Datum Rome, apud Sanctum Petrum, xv kalendas februarii, pontificatus nostri anno septimo. » (Archives départ. de Vaucluse, B 7, fol. 54 v°.)

(3) Bulle du 18 janvier 1369. (Idem, ibidem, fol. 53 v°.)

(4) Bulle du même jour. (Ibidem, fol. 54.)

pays, tant pour obtenir l'éloignement des Bretons que pour solder les dépenses faites à leur occasion. Un débris de vérification des comptes de Raymond de Majorque, le collecteur général de ces impôts, daté du 22 mars 1369, semblerait indiquer qu'ils s'élevèrent seulement à la somme de 6,200 florins environ (1). Mais il y eut certainement plus, si l'on remarque le total de la subvention fournie par la seule ville de Carpentras et la date de ses différents versements : le 20 janvier 1369, elle donna en à-compte 100 florins d'or ; le 21 avril suivant, elle versa le double ; le 24 mai, 65 florins ; le 8 juin, encore 200 florins (2). Et ce ne fut pas tout : les premières tailles imposées n'ayant pas suffi à rembourser les avances faites pour la libération du pays, il fallut en établir une dernière, pour laquelle la même communauté de Carpentras versa, le 5 juin 1370, 135 livres, et le 13 novembre suivant 30 (3).

(1) « Et dicti domini auditores audiverunt et diligenter examinaverunt computum et rationem dictarum talliarum a dicto magistro Raimundo, quo audito, fecerunt eidem domino thesaurario relationem sicuti in dictis computis invenerunt, videlicet quod tallia dicto clero pro quinta parte imposita ascendebat ad summam mille ducentorum trium florenorum. De quibus idem magister Raimundus levavit MXXIII florenos. » (Bibl. d'Avignon, ms. 2398, fol. 26.)

(2) Je ne puis moins faire que de reproduire ce chapitre des comptes du syndic trésorier de Carpentras, pour l'année commençant en septembre 1368 et finissant en octobre 1369 :

« Sequuntur soluciones per me facte pro subsidio domini Bertrandi de Clequinis, tam nobilium, popularium, quam clericorum solutorum civitatis Carpentoractensis.

« Et primo, anno Domini MCCCLXVIII et die xx januarii, solvi magistro Raymundo de Majoricis, exactori tallie imposite in comitatu Venaissini pro domino Bertrando de Clequinis, in diminucionem dicte tallie et eorum in quibus universitas Carpentoractensis extitit talliata, c flor. auri, valentes.................... CXX lb.

« Item, anno Domini MCCCLXIX et die xx prima aprilis, solvi venerabili viro domino thesaurario in diminucionem tallie subsidio domini Bertrandi de Clequinis... cc flor. auri, valentes.. CCXL lb.

« Item, anno quo supra et die xxiiiia maii, solvi domino thesaurario Venaissini, pro parte tangente clericos solutos civitatis Carpentoractensis de tallia imposita clero comitatus predicti pro solvenda redemptione data domino Bertrando de Clequinis et ejus societatibus, ut comitatum Venaissini, quem immaniter lacerabant, omnino dimitterent... LXV flor., valentes.......................... LXXVIII lb.

« Item, anno quo supra et die viiia mensis junii, solvi ego dictus Andreas [de Plana] magistro Raymundo de Majoricis, notario, collectori tallie indicte in comitatu Venaissini pro expellendo domino Bertrando de Clequinis et ejus societatibus, pro resta tallie in qua in dicto subsidio universitas Carpentoractensis extitit talliata... cc lb. »

(Arch. de Carpentras, CC 154, fol. 229 v° et 230.)

(3) « Sequitur solucio per me facta pro tallia domini Bertrandi de Clequinis.

« Et primo, anno Domini MCCCLXX et die v junii, solvi domino Audoyno de Acra, thesaurario Venaissini, commissario ad infrascripta deputato una cum reverendo patre domino Stephano, abbate Sancti Victoris Massilie, regente comitatum Venais-

Je n'irai pas plus loin : les quelques pages que je viens d'écrire (1) suffiront, je pense, pour donner une idée des calamités qui, de 1365 à 1368, fondirent sur les États pontificaux de France. Elles corrigeront aussi et complèteront, du moins c'est mon ambition, les récits que l'on avait jusqu'ici donnés sur les deux passages ou les deux séjours de l'illustre Bertrand du Guesclin dans le voisinage de la ville d'Avignon et du comté Venaissin. La légende du héros populaire n'y paraît pas dans le jour flatteur où l'on est habitué à le considérer, mais à qui la faute ? Il ne faut d'ailleurs pas juger les hommes du XIVe siècle, fussent-ils des du Guesclin, avec les idées que nous avons actuellement. Les gens de guerre de cette époque oubliaient vite leurs serments et n'avaient guère l'habitude de respecter le bien d'autrui : ne les faisons donc pas « prudhommes malgré eux », ainsi qu'aurait dit Bertrand lui-même (2) et considérons-les tels qu'ils étaient, avec leur rudesse presque barbare, leur mépris de la vie humaine et leur âpreté au gain (3).

sini, a sede apostolica deputato ad exigendum talliam indictam noviter pro facto domini Bertrandi de Clequinis pro tallia noviter pro premissis in ipso comitatu indicta, in quibus nobiles et populares dicte civitatis talliati existunt et pro qua fueram monitus, solvi inquam pro premissa tallia cxxxv lb. » (Arch. de Carpentras, CC 155, fol. 19 v°.)

13 novembre : « Solvi domino Stephano Barnerii, presbitero et collectori cujusdam tallie pro clericis solutis pro subsidio occasione societatum domini Bertrandi de Cliquinis, videlicet pro parte tangente dictos clericos solutos hujus civitatis antedicte Carpentoractis, xxx' lb. » (*Idem*, CC 156, fol. 44.)

(1) Elles rentreront plus tard dans une histoire d'Avignon et du comté Venaissin aux XIV° et XV° siècles que depuis longues années j'ai l'intention de rédiger.

(2) C'est le mot que Cuvelier met dans sa bouche, lorsqu'il répondit en novembre 1365 au cardinal délégué vers lui par Urbain V (vers 7578).

(3) En terminant, je ne veux pas manquer de remercier mon excellent collègue, M. Liabastres, bibliothécaire et archiviste de Carpentras, qui m'a donné toutes facilités pour consulter le précieux dépôt dont il a la garde.